集英社文庫

鋼《はがね》の女《ひと》

最後の瞽女《ごぜ》・小林ハル

下重暁子

JN265686

鋼《はがね》の女《ひと》

最後の瞽女《ごぜ》・小林ハル　目次

第二章　定めの中で生きる

第三章　報われぬ愛情

鋼《はがね》の女《ひと》

最後の瞽女《ごぜ》・小林ハル

プロローグ——手引き

夕日を受けて一列に長い影がゆく。麦わら帽をかぶり夏の光を避けながら道路際を静かに進んでゆく。片方の手はロープにつながれた赤い輪をしっかりと握り、もう一方の手は前の人の肩や背に置かれている。

胸を衝《つ》かれる光景だった。実際に見たことはないが、瞽女《ごぜ》と呼ばれた女たちも、同じように連なって旅をしたのだろうか。

私の感慨を乗せて車は列のそばを通り過ぎ、一足先に〝胎内《たいない》やすらぎの家〟に到着した。汗が吹き出す。九月とはいえ凪《なぎ》の時間は、まだまだ暑い。汗をぬぐいながら、私は先刻追い越した列の到着を待った。

予想通りそれは養護盲老人ホーム〝胎内やすらぎの家〟で暮らす目の不自由なお年寄りたちであり、その日は遠出をして、とうもろこしをもぎに出かけたのだという。

「お帰りなさい」

寮母さんが飛び出してくる。到着した一人一人の手をとって導く。都会では見られなくなった純朴で、優しい微笑を蓄えた女性たちだ。

私は列の中に、素早く杉本シズさんの姿を探した。一度高田で会っただけだが忘れてはいない。本が出来たら必ず〝胎内やすらぎの家〟まで届けにゆくとあの時、約束したのだ。昭和五十九年三月、上越市と名を変えた高田の東本町にある高田瞽女、杉本シズさんの住まいを訪ねた。駅前で電話をかけ、タクシーに乗ると、女の運転手さんがよく知っていた。

雁木《がんぎ》の残る古い通りに面したしもた屋は、間口は狭いが、奥行が深く、しんと静もっている。

「さあさあ上がってくんない」

目が見えるように、その女《ひと》はストーブに火をつけ、炬燵《こたつ》に誘う。手引きをしていた少し目の見える難波コトミさんがお茶を運んでくる。

「おら母さん生きてなしたらよう知ってなるけど……」

杉本キクイさんが亡くなってから、養女のシズさんと難波コトミさんの二人がこの家で暮らしている。

「下のうちのごりょんさん、細くて高い声でネ、さあ上がってくんないって、お昼よくごちそうになりましたわ《ネ》」

「おまんた来たかネって、荷物置かせてもらって。フキや山の野菜いろいろありますわネ。汁やごっつおもいっぱい食べて。お昼のお礼に磯節とか鴨緑江節《おうりよっこうぶし》うたって……そうですかネ。下のうちのお孫さんですか《ネ》」

私は『思へばこの世は仮の宿』（講談社）という拙著で、明治の女の典型として母方の祖母を書くために、彼女を知る杉本シズさんを訪ねたのだった。

祖母が嫁いだ家は、中頸城《なかくびき》郡板倉町菰立《こもだて》の貝屋にあり、通称〝下のうち〟と呼ばれていた。斎藤真一氏描く高田瞽女、杉本キクイ巡回地に貝屋〝下のうち〟と書かれているのがその家である。瞽女は毎年なじみの泊まる家があり、多くはかつての地主や古い家を、一つ一つ辿って旅を続けたのだった。祖母の家も瞽女たちの泊まるいわゆる瞽女宿であり、その様子を母から聞かされていた。

子供だった母は、春になって〝ごぜさ〟が山を登ってくるのが楽しみで後をついてまわった。親方のキクイさんは品のある堂々とした人で、夕方になると近隣の人々が座敷に集まって唄を聞いた。終わって座敷をのぞきに行くと、きちんと衣裳をたたみ、荷物を片付け、端然と座る姿に感動したという。

杉本家の炬燵に落ち着いて、あたりを見まわすと、古いが掃除がいきとどいている。柱も床も扉も黒光りして、埃《ほこり》一つ落ちてはいない。我が家よりけるかに清潔で磨きこまれている。

階段があるから二階屋なのだろう。

「このうちは、七歳でもらわれてきてからずっと……。それももうじき出て遠いとこ行くんですわネ」

シズさんの柔らかい声が急に沈んだ。二人とも年をとって入院することも増え、将来のことを考え、人に迷惑をかけないために、新潟県唯一つの目の不自由な人のための老人ホームに入るという。同じ新潟県でも上越とは正反対の、山形に近い北蒲原《きたかんばら》郡黒川村にある〝胎内やすらぎの家〟。阿賀野川をはさんで文化圏も言葉もちがうから、シズさんの不安も当然だろう。

「本が出来たら、必ず老人ホームを訪ねますからネ」

元気づけて帰ろうと立ち上がると、

「これ汽車の中で食べてくんない」

雪国の飴《あめ》である。色白でふくよかなシズさんの顔を見ていると誰かに似ていると思った。母の従妹にあたる叔母に喋り方も、顔の感じもそっくりだ。シズさんがやっと笑顔にもどった。花が開くようで、目がみえたらさぞ美人にちがいない。手を握って再会を約した。

「杉本さん、こっちですョ」

寮母さんの声に振りむくと、モンペ姿のシズさんが居た。コトミさんも続いている。

「こんにちは、憶えてますか」

と名を言うと、

「まあまあ遠いところを……」

あとは言葉にならない。

シズさんのあとから私もついてゆく。

〝胎内やすらぎの家〟の廊下には、両側に手すりがあり名前がつけられていて、角ごとにメロディーが鳴る。食堂を通過したすぐ次が、「頼母木《たもぎ》通り」。その三番地がシズさんたちの部屋である。

八畳ほどの畳敷きに片側には押し入れとつくりつけの箪笥《たんす》、片側は庭に面した窓。シズさんとコトミさんの部屋は、高田の時と同じように片付いている。コトミさんがお茶を淹れて持って来た。

「大分馴れましたか」

「いいえ、高田とは言葉もちがうし、知ってる人もいないすけ、毎日泣いてますわネ」

向き合ったシズさんの声が低くなる。

七十を過ぎているといっても、お嬢さんのような雰囲気のある人だから、異国に来たように心細いのだろう。

「相談する人はいないんですか」

「隣の部屋の小林ハルさんに愚痴を言っては、おこられてますわネ」

小林ハルさんは、長岡瞽女であり、瞽女唄の伝承者として無形文化財に選択された人である。シズさんの話から、私は〝胎内やすらぎの家〟に小林ハルさんたち五人とシズさんたち二人、計七人の元瞽女がいることを知ったのだった。

その時はハルさんを書くことになろうとは夢にも思ってはいなかった。

ただ杉本シズさんに手引きされて〝胎内やすらぎの家〟に来てしまったことに不思議な気がしていた。なぜなら胎内に来たのはこれが初めてではなかったからだ。

東京から新幹線に乗り、新潟駅でのりかえて羽越線の中条駅へ。駅前でタクシーに乗り、黄金色に稲穂の輝く越後平野を走り、川沿いの道に入った時、「おや」と思った。一度来たことがある。確かに記憶の奥にこの風景は組み込まれている……。

胎内観音と書かれた新しい山手の御堂を見上げた時、思いあたった。つとめていたNHKをやめ、フリーになった頃、民放の仕事で新潟県を旅したことがあった。どこからどこへ行く途中だったかは憶えてはいないが、通りかかった川のほとりで車をとめて一服した。

秋の夕刻、日はすでに山の端に姿をかくし、薄暗くなりかけていた。ふと橋のたもとにかかれた〝胎内川〟という文字に心惹かれた。不思議な名だと思った。アイヌ語にあて字をしたという説があると後になって聞いたが、一度聞いたら忘れられない。母の胎内を思い出させる懐かしさに思わず、胎内観音に手を合わせた。帰り際、案内板を見ると、かつてこの川で大氾濫があり、多くの人が亡くなって供養に観音像が建てられたと書かれていた。

縁があったのだ。目に見えぬなにものかに引かれて私は〝胎内やすらぎの家〟に着き、小林ハルさんに出会ったのだった。

第一章　光を知らない娘

妙音講

昭和六十二年五月十三日、〝胎内やすらぎの家〟で妙音講《みようおんこう》の行われる朝、あたりは霧に包まれていた。九時五十五分に到着すると、施設前の広場にある〝やすらぎ観音〟の前には紅白の幕が張られ、パイプ椅子に入居者や来賓の人たちが座っていた。レンゲつつじが朱い可憐な花をつけ、銅製の光背《こうはい》のある観音様の前には酒や菓子、果物などが供えられている。

十時ちょうどに読経が始まった。

朱の袈裟《けさ》をかけた近くの寺の住職の声はよくひびく。つづいて御詠歌《ごえいか》クラブに入っている入居者が和讃を唱《うた》う。瞽女さんたちも御詠歌クラブに入っていると聞いたがと思いながら振りむくと、薄緑の着物で正装した杉本シズさんと難波コトミさんの黒いはっきりした目が見えた。

女性のカメラマンがさかんにシャッターを押す。焼香をし、しばらく休憩したあと集会室に場所をかえて、妙音講が始まった。
「高田・長岡瞽女妙音講」、赤や銀のモールで飾られた中に黒々と墨の文字。「瞽女妙音講次第」と横に書かれている。

一、開会挨拶
一、読経
一、焼香
一、瞽女式目朗読
一、瞽女唄奉納
一、閉会挨拶

高田・長岡と一緒にされているが、本来は高田瞽女の妙音講が五月十三日であり、長岡瞽女の場合は、旧暦の三月七日、今の暦で四月十七日である。高田瞽女の二人が加わったことで現存する越後瞽女のほとんどが〝胎内やすらぎの家〟に集まったことになり、季節の良い五月に合同で行われることになったのだ。

妙音講は、瞽女にとって、もっとも大切な行事であり、高田や長岡に所属している瞽女は遠くの旅に出ていても、必ず帰って参加した。参加しなければ処罰されることもあったという。守り本尊は弁財天《べんざいてん》、その供養を年に一回行うのが妙音講であり、瞽女式目をひもとき、唄を奉納した。

紫のひものついた巻物に書かれた瞽女式目を、住職がうやうやしく開く。

「謹で惟に　人皇五十二代嵯峨天皇　第二の宮　女宮にて　相模の姫　ごぜ一派の　元祖とならせ給ふ事　忝も　下賀茂大明神　末世の盲人を　ふびんに思召　かしこくも　尊の腹にやどらせ給ひ　胎内より御目しひて　御誕生まし〳〵　父天王　母后　神社仏閣に御祈誓有之といへども　本より　大願成就の種なれば　更に其かひあらず　相模の姫宮七歳の御と貴の　夢中に　紀伊国　那智山如意輪観世音　御枕辺に立たせ給ひ　君は末世の女人　盲の　つかさとならせ給ふべき　下賀茂大明神にてわたらせ給ふ　諸芸を本として世渡を民間に下し　いとなみつがせ給ふべき……」（佐久間惇一『瞽女の民俗』より）

嵯峨天皇に盲目の姫君があり、その弟子に芸をつがせ伝えられたのが瞽女の始まりと、やんごとなきあたりから説きおこされている。そうした事実があったのかどうか。民俗学者の佐久間惇一氏によれば、天皇や尊い人との関係を持ってくるのが式目の慣例で、座頭式目などを手本にしている。瞽女は由緒ある職業で、羽織も着るし足袋もはく。普通の農民とはちがうのだという職業の自覚を持たせるために作られた。歴史的事実は無いが、瞽女たちはそれを支えにし、信じているという。

かつて高田の天林寺に二百人以上の瞽女を集め、長岡大工町の瞽女屋に三百人から四百人もの瞽女を集めた妙音講も、養護盲老人ホーム〝胎内やすらぎの家〟でかろうじて行われるだけになってしまった。

　集会室は、人で埋まっている。黒川村役場の来賓をはじめ、瞽女唄研究家や日本の伝統芸能に興味を持つ外国人、瞽女宿で聞いた唄をもう一度聞きたいという村人に、入居者たち……。

　瞽女唄奉納の番になり〝胎内やすらぎの家〟に暮らす瞽女七人が舞台に上がった。

　司会役は小林ハルさんの弟子、竹下玲子さん。晴眼の四十代の女性である。その隣に金子セキさん、山田シズコさん、近藤ナヨさん、真ん中に小林ハルさん、そして杉本シズさん、難波コトミさんに田中キサさん。

　ハルさんは微動だにせず端然と座布団に座っている。小柄だが背はシャンとのび、純白の髪は、若草色のそろいの着物と羽織の上で、短く切りそろえられ、犯しがたい品が具《そな》わっている。他の六人とはどこか違って、そこに、小林ハルが居る。存在感に私の目は釘付けになってしまった。

「葛《くず》の葉子別《はこわか》れ」が瞽女唄の最初に奉納された。よく知られた段物の前半を唄うのは杉本シズさんである。先刻から三味線を置いたり持ったり、せつなそうなシズさんを見ていると自分のことのように胸がどきどきする。

「こんでいいかネ」

調子を整えてハルさんにきく。

「いいね」

頼もしい返事があって、優しい声が唄い出した。

「さればによりては　これにまた　いずれにおろかはあらねども　はじまるりやくをたずぬるに　よき新作もなきままに　葛の葉姫のあわれさと……」

ハルさんの口許は自然にほころび、声は出さぬが一緒に唄っている。シズさんの唄を心配するように、心の中で反芻するように。

「……下手で長いも座のさわり　まずはこれにて段の末」

シズさんはようやく前段を終えハルさんにバトンタッチする。

第一声を聞いて、私は飛び上がった。この声は何だろう。一直線に鼓膜を突き破ってくる。まともに当てられたら、障子など裂けてしまうかもしれない。

唄の巧い下手は、伝統芸能の素養に乏しい私にはよく分からない。ただこれは、瞽女の中でも、全く異質の小林ハルさん独特のものなのではないか。

杉本シズさんの優しく甘い声とも、その師匠であった杉本キクイさんの録音で聞いた声ともまるで違う。もともと高田瞽女は、お座敷で唄うことが多く、長岡瞽女は、外で唄うことが多い。高田は上方風であり、長岡は東北の文化の影響を多く受けている。

土壌の違いはあるにしても、ハルさんの声は、どこにも曲がらずビブラートもなく、真正面からやってくる。小林ハル節と言った方がいいのだろう。

張りのある声を支える三味の音は歯切れがよく、なまりのある言葉も、馴れるにつれて分かってくる。

「母は信太《しのだ》へ帰るぞえ　母は信太へ帰りても　いまにまことの葛の葉姫がおいでぞえ　葛の葉姫のおいでても　……必ず継母と思わずに……」

そして大詰め。

「蝶々とんぼも殺すなよ　でんでん太鼓もねだるなよ　行灯《あんどん》障子もなめ切るな　露地の植木もちぎるなよ　近所の子供衆泣かするな……」

後方ですすり泣きが聞こえた。手拭いを目にあてて、村のお年寄りがしゃくりあげている。黙って下を向いている人もいる。瞽女宿では、こうした光景が見られただろう。私の目頭も熱くなった。

「どおりじゃ狐の子だものと　人に笑われ指さされ　母が名までも呼び出すな……」

一段とハルさんの声が張った。

「どおりじゃ盲目の子だもの……」

たのだ。

と私には一瞬きこえ、ハッとしてハルさんを見つめた。確かに、そう言ったように思え

ハルさんの声は一直線で、人を泣かせようと抑揚をつけたり、声を弱めたりしない。同じ調子で発声していながら、不思議に胸の奥に浸み透って、悲しみを湧き起こさせる。

「さても一座のみなさまよ。まだ行末はほど長い　まずはこれにて段の切り」

唄い終えた時、正直言ってほっとした。ハルさんの呪縛から解放された気がしたのだ。あとはそれぞれが、安来節《やすぎぶし》、伊勢音頭、磯節、越後追分《えちごおいわけ》など軽い唄を奉納するが、私の耳にはハルさんの声が鳴り響いていた。

ろうそくの灯が短くなって妙音講も終わりに近づき、私はハルさんのとりこになりそうな自分を感じていた。

最後の弟子

妙音講の司会役、竹下玲子さんが小林ハルさんの唄をはじめて聞いたのは、昭和五十二年十一月七日、東京・新宿の金属健保会館ホールであった。声優の山内雅人さんの話芸小劇場「瞽女文学の夕べ」でハルさんは「明石御前」を語った。

長崎から上京して東京声専音楽学校でオペラを学んだ竹下さんは、卒業後こんにゃく座を経て、日本語の分かるオペラを目ざし全国を旅していた。師の劇作家若林一郎さんにすすめられ、客席の一番後ろでハルさんの声を聞いたのだ。

「古き文句に候えど　播磨軍記と世に残す明石騒動のそのうちに小菊殺しの物語……」

小さな女《ひと》が舞台に坐ってビーンと声を出す。その声が後ろまで通ってしかもうるさくない。

「すごいですねェ」

と舌を巻いた。日本のベルカント唱法かもしれないと思う。

「今度の正月習いに行ってみないか」

感動した若林さんの発案で、竹下さんを入れて女三人、ソプラノが二人、メゾソプラノが一人で訪問することに話がまとまった。

ハルさんは、すでに〝胎内やすらぎの家〟に入居していて、コミュニティーセンターの面会者用座敷で練習が始まる。テーブルをはさんで片側にハルさん、向き合って竹下さんと友人二人。テレビ局が取材に来ている。

「なに瞽女唄なんか……」

三人ともどこかで馬鹿にしていた。

「さればによりては　これにまた……」

段物の最初の言葉をハルさんが唄う。

それについて一緒に唄う。声楽のプロ三人が唄って、ハルさんの声しか聞こえない。

何度も何度も繰り返す。朝九時半から十一時。昼をはさんで一時から四時、夜も六時から八時。同じ節《ふし》を唄っているうち、声をつぶすのではと不安になってくる。

「おばあちゃんおかしかったでしょうね。三人でウハウハ上ずってるんだから」

ハルさんは一言も批評しない。正座したまま、同じ文句を根気よく出来るまで繰り返す。

テレビカメラがまわっているから、逃げ出すわけにもいかない。

夜、三人のうち一人はうなされっぱなし。もう一人は首をしめられる夢、竹下さんは、雪の中を裸足で逃げる夢を見た。黒川村は、山形県境の山々に囲まれ、毎年二メートルは積もる雪深い地である。その日も一メートル以上の雪だった。かきわけかきわけ、必死で逃げる。

目覚めれば、朝からレッスンが待っている。

「なに新作のなきままに古き文句に候えど」

次の一節になっても声は上ずったまま。三日目、復習をしてようやく悪夢から解放された。列車に乗ったとたん、心身ともに疲れ果て、三人とも「ゴーッ」と大いびきをかいて寝入ってしまった。

「可愛らしくて品がある、すてきな人だナ」

レッスンは悪夢だったが、竹下さんはハルさんに好感を持った。

それだけのつきあいだと思っていた。

翌五十三年三月二十五日、瞽女唄伝承者として、ハルさんは無形文化財に選択され、国立小劇場で記念の公演があった。

途中、三味線の糸が切れた。

「糸は切れるもんだ」

ハルさんは平然と呟き、鋏《はさみ》を持って来させる。座布団に座ったままで、悠然と糸を繋ぎ合わせた。その態度に惹き込まれ、竹下さんはじっとハルさんを見守った。

語られる言葉の一つ一つは、なまりがあってよくは分からぬが、声はすごい。あの時の悪夢が頭をよぎるが、唄にも好感を持ち始めていた。

聞き終わって、胸を突きぬけていくものがある。

その頃、ハルさんは最も親しくしていた弟子の土田ミスさんに先立たれて、気落ちしていた。

〝胎内やすらぎの家〟でも元気が無く「唄わなくなるのでは」と危惧した初代の塚本文雄

施設長は、ハルさんに同行して上京した際、若林一郎さんに言った。

「一つハルさんに弟子をお願いしたい」

「瞽女は鶏と同じで死ぬまで唄わねばならない……」

とハルさんを元気づけていた塚本施設長は、ハルさんを連れて東京から黒川村に帰った翌日に急逝した。

塚本さんの死は、慕っていた〝胎内やすらぎの家〟の入居者全員を、悲しみのどん底に突き落とした。自分の芸や人生を理解し、細かく心づかいをしてくれた人を失ったハルさんは、三味線を捨てる決心さえする。

塚本施設長の、はからずも遺言となった、弟子をハルさんにみつけることが唯一の慰めになると、若林さんに説得されて、竹下さんは再び黒川村に向かう。

「ハルさんの声ならいいな」と、どこかで思い始めていた。

「あなた、瞽女さんにされるョ」

正月に黒川村に同行した二人の友人は、言った。

長崎の両親に、帰郷した折、話をすると、瞽女の厳しい修業と生活について知っているだけに、猛反対された。父は額に青筋をたてて怒鳴った。

竹下さんにすれば、「あのおばあちゃん元気づけられればいいナ」と軽いボランティアのつもり。

「この女《ひと》が跡を継いでくれますョ」

若林さんがハルさんに言った言葉に、竹下さんは「あっ」と思った。

「これから習いますから、よろしくお願いします」

「習うったってネ」

ハルさんもとまどっている。

段物は「葛の葉子別れ」から。その時は、四日間でやっと一段、ハルさんの後をついて憶えた。

若林さんが東京にもどったあと、一人置いてけぼりの竹下さんは、少年院に入れられたような気がした。

「おめさんもたいへんだね」

ハルさんは時々慰めてくれる。地声を出すことがようやく分かりかけ、ともかく一曲憶えた。

それから二ヵ月に一度、十日ずつ黒川村に通った。唄もたいへんだが、三味線を一から憶えねばならない。

「おめさんの三味線は、ねずみが天井を這《は》うようだ」

ハルさんが言う。毎日朝九時から夜八時まで、寮母さんたちもあきれる特訓だった。憶えると東京に帰り、若林さんに聞いてもらう。ハルさんは誉《ほ》めもけなしもしない。よけいなことは言わず、間違えると直すだけ。時々気晴らしに散歩に出かけると、

「何してる。ここまで来て」

と叱られる。

当時七十八歳のおばあちゃんが疲れないかと竹下さんが心配すると、

「おらは何ともない。足なんか痛うない」と言われてしまう。

姿勢も崩さず、小林ハルが端然と居る。記憶力は抜群で一言一句忘れてはいない。いつしか聞けば聞くほど、ハルさんの声が快くなって来た。言葉が少しずつ分かるにつれて文句も良い。それに酔っていると、

「おめさんの追分の長えこと長えこと、もっとちゃんちゃんと唄えばいい」

竹下さんが下を向くと、

「あんた今、本見てたね。出来るだけ憶えるように」

声の強弱で、目のみえないハルさんにすぐばれてしまう。

竹下さんは、憶えた文句を紙に書きとる。三味線を弾くにも、本にしるしをつけ、糸を見て弾いてしまう。

それが癖になり、下を見る。声が通らなくなり、聞きにくいというわけだ。

ハルさんは、唄う時姿勢を正し、腰を据え、正面を切ったままで唄い続ける。

「目がみえるとつい、みちゃうのよネ」

竹下さんが述懐する。

ハルさんの声の魅力に惹かれ、瞽女の何たるかも全く知らぬまま、弟子の道を歩み始めた竹下さんは、「おばあちゃん」という存在から逃れられなくなっていた。

妙音講が終わって、竹下さんがハルさんのレッスンを受けるという。邪魔にならぬよう、私もついていき、コミュニティーセンターの座敷に座った。テーブルを挟んで師匠と弟子。段物は「小栗判官照手姫《おぐりはんがんてるてひめ》」。

全段語れば二時間にも及ぼうという長い物語も、ハルさんは耳から憶え、しっかり頭に定着させている。竹下さんは忘れたら文字を見ればすむが、ハルさんはそれが出来ない。記憶だけが頼りである。私はそっと「録音」のボタンを押す。

「白の綸子《りんず》にはこれにまた金糸と銀糸を縫い合わせ……」

竹下さんが唄うと、ハルさんが言う。

「もう少し低く」

竹下さんは美声の持ち主だ。子供の頃、一人声が飛び出すので合唱に出してもらえなかった。低く艶やかな底力のある声。オペラを唱《うた》っていた頃、コロラチュラ・ソプラノだったとは信じがたい。

「はあ、それでいい」

ハルさんは唄わず、弟子にまかせている。

「足らぬところがあるなれば御指示なされて下されと……」

「いや、足らわぬところ。おめさんなまってる」

ハルさんにとっては、自分の言葉の方が正しいのだ。一区切りついた所で聞いてみた。

「竹下さんの唄はどうですか」

「声はいいが、師匠と同じに唄えというのが無理だがね、おらと同じには唄えないもんだ」

ハルさんは、人にはそれぞれ個性があると言いたいのだろうか。

「おらは唄下手で、ぼっこれ薬缶《やかん》といわれた。憶えるのは出来るが、『おまえみたいな唄の下手なのはいらない』といっていじめられた」

だから竹下さんにも自分と同じにとは言わない。私から見ても竹下さんは美声だが、声が良すぎてそれに頼りすぎるきらいがある。ハルさんの声は整ってはいず、破れているのだが、それが迫力となって体全体から伝わってくる。

「唄う時、感情は入れないんですか」

「はあ、思いは入れない方がいい」

それで、人を感動させることは至難の技だ。「ぼっこれ薬缶」といわれたハルさんには、文字通り血の出るような修業があったのだろう。

「楽しいことなんか、何もなかったわネ」

さらりと言ってのける目の前のハルさんは、身ぎれいで顔の皮膚は白くつややか、品すら漂わせている。あらゆるものを突きぬけた果てのこの美しさはどうやって出来たのか。長いトンネルを抜けたあとの明るさに似て、鍛えられれば鍛えられるほど、輝きを増して来たその人生に、限りない興味をかきたてられた。

生　家

小林ハルさんが生まれたのは、明治三十三年一月二十四日、住所は新潟県南蒲原郡井栗《いぐり》村三貫地《さんがんじ》、今の三条市である。

新幹線の燕三条《つばめさんじょう》駅を降りて、車で約十五分、信濃《しなの》川を渡り、土手をさかのぼると、景雲橋と呼ばれる古い木橋に、寄りそうように新しい橋が出来ている。土手沿いに建つ家々の中の一軒、今は建て直されているが、小林強宅がその家である。

私が訪れたのは、四月の初めだった。信濃川の支流中ノ口川の河川敷の桃畑は花盛りだと聞いていたが、その年は春になって冷え込む日が多く、まだピンクの花片は見えず、散りかけの梅が、わずかに枝にしがみついていた。夏には桃の直売店も出るという。

突然、茶色い犬が吠え出した。水田の際に黄色い水仙が群れて咲いているのが、ハルさんの生家であった。三十軒足らずの村落だったというが、他の家々も今風に建て直され、倉だけが残されている。

小林家は、土手に向かって左手奥に母家、右手前に板囲いのある古い倉がある。所々崩れの見える土蔵は、ハルさんの幼い頃そのままだという。前に一本のもみじの木。子供のハルさんはこの木につかまって庭を歩いた。

昭和五十七年三月三十日、三十六年ぶりに里帰りしたハルさんは幹に触って呟いた。

「変わりもない……。これはもみじ」

裏の土手を登れば、信濃川が見渡せる。広々とした河川敷には水田や減反のために様々な作物が植えられている。川風は少し冷たい。

男の子が河川敷を駆け降り、主人の強さんと奥さんのアキコさんを呼んで来た。アキコさんの祖父の妹がハルさんである。

「ま、一服つけてくださいや」

強さんが言う。

小林家は農家だったが、ハルさんの祖父が亡くなって家に入った祖父の弟、孫爺様《まごじさま》は、船大工などをし、一帯の区長をつとめていた。使用人も男女数人ずついて暮らしぶりも良かった。

家族は孫爺様と孫婆様《まごばさま》、父母、それに十六歳上の兄に十二歳上の姉と六歳上の姉、ハルさんは末っ子である。

年の離れた末っ子だから本来なら甘やかされて育つところが、生後百日でそこひにかかり両眼とも見えなくなった。しばらくは、光と影はわかり、朝晩の区分けもついた。

父は田畑の行き帰り、必ず声をかけた。「ハル行ってくるよ」「ハル帰ったよ」

夕暮れの人気のない庭でいつまでもハルさんを抱き、じっとしていることもあった。

目のみえない子の行末を案じながら、父はハルさんが二歳の時に亡くなった。

ハルさんは、幼い頃は寝間に居て、外に出ることがなかった。当時のこと、世間体を考えて、人に見られないようにということだったろう。

部屋は、家の一番奥にあって、窓は二重になっており、外からは気付かれない。

「ハルはいい子だから、呼ばれなければ声を出さないように」

と言われていた。

三度のごはんは寝間まで運んでもらい、朝も昼も夜も、与えられた一間で、人目につかぬように暮らしていた。

兄や姉がお祭りにポンポン下駄をはいて出かける。はしゃいだ声が聞こえるが、連れていってはもらえない。

「目のみえるもんは遊んでも歩くし、お祭りに着がえていくども、目のみえんもんは、人に迷惑かけてはなんね」

と言われても、目がみえないとはどういうことかも分からず、他の人と違って、なぜ一人だけ外へ出てはいけないのかが分からない。おとなしく言うことを聞いて、じっとしていた。

「おまえは一生家の厄介にならねばならネ。この寝間一つくれるから、ここに住まいしろ」

楽しみは三度の食事。だが好き嫌いがある。三度豆が大嫌い。にんじん、豆類が雑炊に入っているだけで食べられない。ねぎ類も嫌いで、匂いで嗅ぎわける。食事に手をつけないでお腹が空いたというと叱られる。好き嫌いをなくそうという親心だとしても幼い子には分からない。何を食べたい、どこへ行きたいということも言わず、じっと与えられた部屋で過ごす毎日だった。

「うちにいても他人の中にいるのと同じだった」

子供らしく親や兄姉に甘えることを知らない日々を、記憶している。

五歳の年、孫爺様のすすめで隣村の鍼師《はりし》の弟子になることが決まった。

「この子は長生きする」

という占い師のお告げがあったからだ。何か職業を身につけて、自活していけるようにとの孫爺様の配慮だった。その鍼医が大酒飲みでことごとくハルさんをおどかす。

「あんなところへは行きたくない」

それで取りやめになった。

孫爺様や母はハルさんの行く末について悩んだ。何をやらせるのがいいだろう。

家では村の世話役もしていたから、沢山の人々が寄っていく。昔は富山の薬売り、郵便配達、旅の修行僧、誰かれとなく家に上げ、食事をふるまう風習がある。瞽女も毎年家に来ては、泊まっていた。

ハルさんのような目のみえない子が出来てからは、特に手厚く扱っていたので、馴染みの瞽女の親方、樋口フジに、孫爺様は相談を持ちかけた。

当時は医学が現代のように発達していない。そこひや天然痘で目がつぶれ、治るものも治らぬというケースが多かった。私の母の里、上越の板倉町でも、目のみえない子を瞽女にするケースは、ままあったという。

貧困な家庭の同情される対象ではなく、目のみえない障害を持つ人々が自活してゆく道として、瞽女は積極的にとらえられていたのではなかろうか。

「唄なんて、なに好きなんて思わねかった」

「目がみえたらちがうだろうが、何々好きなんて考えらんねえ」

ハルさんが言うように、唄が好きとか嫌いとかでなく、自分で生きるためには、瞽女の道しかなかったのだ。

瞽女という旅芸人の厳しさは分かってはいただろうが、毎年泊まっていく瞽女さんを見ていると親しみもあり、ハルさんを瞽女に出すことに、家でもためらいは少なかったかもしれない。

樋口フジとの間に弟子入りの約束が決まった。二十一年の年季。その間の食事代と稽古代は家で出し、勤まらない時には、家から縁切り金を払う。条件だけ見るとずいぶん親方に都合のいいものに思われる。

高田瞽女の場合は、養女として親方がもらい受け、一家で生活を共にしながら修業を続けるが、長岡や下越地方の瞽女は、ふだんは自分の家にいて、親方に唄を習う。旅に出る時は家を離れるが、終われば家にもどるという契約になっていた。

母と娘

幼い子を瞽女にすると決めて、母はどんな気持ちだったろう。内心反対だったかもしれないが、物事の決定権は当時は男性にある。家長の孫爺様の決めたことは絶対なのだ。母は病身で、喘息《ぜんそく》の発作に悩んでいた。田んぼに出ると、稲の穂やほこりで発作が起きるので、家の中の仕事をしていることが多い。

農家の嫁は労働力といわれ、結婚が調《ととの》うと、「手間をいただきました」という時代だから、肩身の狭い思いをしたろう。

母の躾《しつけ》は厳しかった。

「優しくしていたら、ロクなものにはならねェ」

という言葉の裏には、目のみえぬハルさんを独り立ちさせねばという思いが滲んでいる。病弱の自分がいつまで面倒を見られるか分からない。なんとかハルさんには一人前になってもらいたい。目のみえる女と同じように、いやそれ以上に自分で自分のことが出来る女に育てねばと母は決意した。

芸の稽古に入る前に、身のまわりのことが出来るよう、躾けておいて欲しいといって、親方が帰るとすぐに特訓は始まった。

躾の最初は、針のミズ通し（穴通し）。目がみえても難しいのに、母は容赦しない。大きくて太い針からだんだんに細い針へ。どうしたら五歳のハルさんが憶えられるか心を砕く。畳針から布団針、そして長ミズと、一つ出来るたびに針は細くなっていく。

まず左手に針を持って、舌を使ってミズ（穴）の位置を確かめる。右手に持った糸の先を指先で細くよって、舌で確かめておいた穴に通す。糸が穴に通ったと思ったら、上の歯と下の歯で出た糸をはさんで引っぱる。

簡単に聞こえるが、何度やってもはずれてしまう。

「穴のない針には通せない。しばっておくのかね」

ハルさんは聞いたという。

実際に〝胎内やすらぎの家〟で目の不自由な人たちが針に糸を通すのを見たことがある。一針クラブで縫い物をする人々は、寮母さんの介添えでミズを通し、作り上げた作品も、目のみえる人と変わらぬ手提げや、ブラウス、着物など、驚くほどの出来ばえである。

ハルさんが針のミズ通しを憶えるまでに五ヵ月、通さないと食物をもらえず、通した時には、食べたいものをごほうびに食べさせてもらえた。

「私が死んだあと、行きどこなくて苦しむのはお前だから、無理でも憶えねばならね」

母の一生の願いと言われて、必死で憶える。上手に出来て母が買ってくれた六枚つなぎのおせんべいの味を、ハルさんは今も忘れてはいない。

母も真剣なら娘も必死だ。うらうらと春の陽光が溢れ、蝶も飛び、他の子供たちは、外ではしゃぎまわっているのに、薄暗い奥の一間で、人目につかず母と娘が相対する姿は、すさまじいものがあったろう。

「可哀そうに」

母は人知れずいくど涙したか分からない。砕けそうな我が心を引きたて、飴と鞭《むち》でハルさんを仕込む。厳しい明治の女の姿がそこにある。

「おまえ、ミズ通しが出来ねえと一生縫いものが出来ねくて、着物も着られねえ。帯や前かけも自分でしめられるよう憶えねば、誰もなんもしてくれる人いねくなってどうする」

針の糸が通せるようになると、縫い物に編み物、手をとってハルさんに教えた。

着物の縫い方は、出来上がった着物をほどいて、どうやって縫われているかを触って憶えさす。次に赤い布を切って人形の着物を縫うことから始めた。ハルさんは単衣や下着ぐらいは自分で縫える。

編み物は何でも一本針で編んでいく。難しい模様は無理だが巾着や脚絆《きゃはん》は自分で編む。

「これはハルの編んだ巾着……」

と自慢する母の声はふるえていた。

六歳になる頃には、将来の旅にそなえて身仕度の練習が始まった。着物を着て帯を結ぶ。頭には手拭いをかぶった上にまんじゅう笠。わらじをはいて杖をつく。風呂敷に小さくまとめた荷をかつぎ愛らしい瞽女姿が出来上がる。

母に挨拶をして庭に出、再び家にもどって挨拶。繰り返し繰り返し言われた通り、小犬のようにハルさんは庭と家とを往復する。

言葉づかいも厳しかった。

「ハイ」という返事と言いわけをしないこと。目のみえないものは一生他人の世話になるから、口答えせず自分の意見は言わないこと。

ハルさんの返事は気持ちがいい。必ず最初に「ハア」という。越後弁で「ハイ」は「ハエ」や「ハア」と聞こえる。

人に迷惑をかけてはいけない。普通の人と同様、自分のことは自分でする。人に憎まれる言動はつつしむ。

手をとり足をとり躾けられた一つ一つが、血となり肉となって身についていく。この時期に母から教えられたことが一生ハルさんに影響を与えることになる。

どんな辛い目に遭っても、運命に逆らわず、黙って受けとめ自分の中で消化する。まっすぐでひねくれることがなく、感動的な素直さを持って生きることが出来たのだ。なんとかしてこの子を自立させねばという母の思いをハルさんはしっかりと受けとめて生きて来た。

「人間は諦め一つ、諦めれば思うことない」

という悟りも、その教えを守る中で育ってきたものだろう。

「親が亡くなってから、一生他人に言われると思うと死んでも死にきれねェ」

という思いが、ハルさんを厳しく厳しく育てたのだ。

寒　声

風が呻《うな》りながら、河原からやって来る。春の突風は、土を巻き上げ、容赦なく、土手に、川沿いの家々に吹きつける。

車がスピードをあげて、土ぼこりを倍加させる。〝三貫地中央〟と書かれたバス停が揺れる。

土手に一人立って、杖を頼りに唄う少女が居た。春先の暖かい季節ではなく、冬の最中である。

寒《かん》のうちに行う修業を寒行といい、寒のうちに修業して出す声を寒声《かんごえ》という。ハルさんの口から、私はしばしば〝寒声〟という言葉を聞いた。

「竹下さんは、寒声は使えないども……」

という風に。

七歳になって、ハルさんはようやく唄と三味線を教えてもらうことになった。瞽女の親方、樋口フジが家に通って来て教えるのだが、普通の三味線は大きすぎる。子供用のを買ってもらって、朝から晩までひまさえあれば、糸を指で押さえる稽古。

下を向いてしまうので、髪を結った髷《まげ》の輪にひもをつけ、後ろで帯に結わえつける。下を向くと、ひもがひっぱられて痛いから、仕方なく姿勢が良くなるというわけだ。

三味の糸で柔らかい子供の指の皮は、すぐすりむける。母は血の滲む小さな指を覆う袋を一本ずつ作ってくれたが、破れて血で汚れてしまう。

「どうせ目が無いなら、手の皮が無くても覚悟して勤めれ」

「指が痛くて修業が出来ないんなら、川へ投げてくる」

親方や孫爺様にそう言われては、痛いと訴えることも出来ない。

もう一つ辛い修業は〝寒声を使う〟ことだった。

旧暦の十二月、今でいう寒の一ヵ月は、瞽女の親方も休みなので、昼間は唄を教えてもらう。朝と晩は、一人で寒声の練習をする。

午前四時半、自分で目をさまし、身仕度をして、裏の土手に登る。薄着の方がいいと言われて、下着に腰巻き、その上に着物と雪の降る時はカッパ。頭に帽子、素足にわらじばきである。

一メートルや二メートルの積雪のこともあれば、降りつづける中に立つこともある。冷たい風に向かって声を出すのがいいというので、信濃川に面する土手に立って精いっぱい声を張りあげる。

「さぶて、さぶて……」

全身がふるえ出す。しんしんと冷え、足はしもやけでふくれ上がる。

「人絹はまけるすけ、靴下ははかねえ」

今でもハルさんは真冬に素足だ。寮母さんが靴下をはかせても、すぐ脱いでしまう。

朝は五時から七時、休みなく声を出していると、はじめは寒いが、やがて寒いのか暑いのか感覚が無くなり、それを過ぎると体が火照《ほて》り出す。

「負けてなるものか」

自分をふるいたたせて唄う。

「ハル、時間だぞ」

家人の呼び声に家にもどって朝食。九時から夕方までは、親方について家で稽古。夜再び一人で土手に行き、声を限りと唄う。

続けていると、のどを痛め、咳と一緒に血が出る。声も出なくなる。出なくとも声にならない声で唄う。そうやってはじめてほんとうの声が出るという。

〝寒声が使える〟とは、長い語りに耐える変わらぬ声をものにすること。芸能者としての基礎が出来たということなのだ。

「同じ瞽女でも伊平タケ、杉本キクイは比較的順境に育ったが、小林ハルの声は全然違う。一度潰《つぶ》してから出す腸《はらわた》から出る声は、浪花節など日本の芸能の基礎になっている」

佐久間惇一氏は言う。

夜十一時、孫爺様が声をかけてくれるのを合図に一日が終わる。土手に立っている間はトイレにも行かない。行かないでいいように前もって行っておくのだ。寝静まった家で最後の風呂に入って死んだように寝入る。

それが一ヵ月も続くのだから、あと二日、あと一日と終わるのが待ち遠しい。寒声を使ったあとは、重湯やスープしかのどを通らず、声が出なくなる。声に良いからといって黒豆の煮たのやなめくじを食べさせられた。

「松づくし」「黒髪」など寒声の練習で憶えた唄も数多い。

「黒髪のむすぼれたる想いをばとけて寝た夜の枕こそ一人寝《ぬ》る夜のあだ枕……」

ハルさんには意味が分からない。親方に聞くと、

「年をとれば分かる」

といわれ二度は聞けない。自分で考えて憶えるしか無い。

寒声をつかうことが出来るようになってはじめて、ハルさんは独特の障子もビリビリふるえるような、竹下さんのいうベルカント唱法、腹から出る地声を身につけることが出来たのだった。

広い信濃川をはさんで、その声は、風向きによっては対岸まで聞こえたという。

雪の中、杖にすがりながら、川に向かって足をふんばり、精いっぱい声を張りあげる少女の姿……。それは白髪の端然としたハルさんの姿に重なっていった。

紅い花

雲雀《ひばり》の声が、春浅い信濃川に満ちる。長い冬の終わりを告げるその唄を、ハルさんは九歳になって知った。

それまでは自分の寝間にこもって、一日も休まず唄と三味線の稽古。親方の来ない日は一人でさらう。

「唄ってみれ」

夜になって母や孫婆様が言う。懸命に唄っていると近所の人も聞きつけてやって来る。

記憶力は、抜群だった。一度聞けばたいていのことは憶える。生来頭が良いのだろう。年をとった今も人の声はすぐきき分けて、私が訪ねると、前回の礼を言う。

何だったかなと思っていると、具体的な説明がある。

「高瀬のきんつば、ありがとうございました」

律儀で物忘れをしない。

寝間に潜んで育った頭は、吸い取り紙のように新しいことを吸収していく。

「よう憶えたナ」

人から言われると、はげみになる。誰もいなくても神様がみているからと一日も休まず練習し、八歳の年には、孫爺様に連れられて村の鎮守様に唄を奉納するまでになっていた。

九歳の春、雪がとけて外出を許された。瞽女になると、旅に出なければならない。親方はそれまでに外の空気に触れ、歩くことに馴れさせておくようにと言ったのだ。

はじめてのんびりと味わう外の空気は、おいしかった。寝間にいた時はあまり遊ばなかった兄姉や近所の子までが、「ハル、ハル」と手を引いてくれる。

冬の間寒声を使った土手から、河原に降りる。つくしが方々に丸い頭をつんと突き出している。まだかすかに光と影は見えていたので、一人でも草やつくしを摘んで、遊ぶことは出来た。

遠出をする時は、誰かが手を引いてくれる。ハルさんは、喜びの声をあげて走りまわり、春の匂いを嗅ぎ、人生でもっとも楽しい一刻を、持つことが出来たにちがいない。

大人の中で、他の家族と隔離されて育ったハルさんにとって、もっとも子供らしい時間だったと言っていい。

実家の前の道を、五分ほど歩いた三叉路の角に、お地蔵さんがある。

「交通安全の願い」と墨黒々と横書きされた下に、大小の石のお地蔵さんが並ぶ。頭巾《ずきん》と前垂れが赤、布が真新しいところを見ると、時々誰かがとりかえているのだろう。

掃除もいきとどいて、白や黄の花々が空カンに入って供えられている。

このお地蔵さんも、ハルさんの幼時からあった。ただ車道沿いに場所が変わって、今は車が乾いた埃をまきあげて過ぎる。

三十六年ぶりの里帰りの時、ハルさんは、お地蔵さんを憶えていた。

「すっかり場所が変わってしもて、昔の面影はないわネ」

遠い記憶を呼びさますように、しきりにお地蔵さんの頭を撫でた。

「その日はお天気も良くて、子守りをして一緒に遊んだ人や、以前手引きをしてくれたことのある人も集まって、昔を思い出しながらハルさんも楽しそうに笑ってましたわァ。ただあまり感想は言いませんでしたネ」

ハルさんに同行した当時の伊藤正市施設長の話だ。

テレビカメラが、里帰りを逐一追っていたので、言うのをためらったのだろう。

お地蔵さんの横から、道は三方に岐《わか》れる。

一方の角が産土《うぶすな》神社。朱い鳥居の奥に小さな祠《ほこら》が見え、傍に椿の木がある。

真紅の花が美しいが、ハルさんには分からなかったろう。

神社は、ハルさんが他の子供たちと一緒に幼い子の子守りをした時と、ほとんど変わっていない。

子供たちが落ちた椿の花を一つずつ拾って、花輪をつくっていた。

昔の子供たちも、紅い花、白い花を拾っては、つなぎ合わせたり、色別に分けたりしたのだろう。

ハルさんには色が無い。子供は正直で、その分残酷だから、平気でそれを指摘する。そのためにずいぶん悲しい思いをすることになった。

「天気のいい日だった。村の子どもと花摘みをして花売り遊びをやった時だった。私もみんなの仲間に入れてもらって花をとってきた。私は花はとってこれるが、色がわからない。フキだとかモチ草などの形のちがう草はわかるが、同じ花でも色がわからない。だから私は赤であろうが、白であろうが、まぜてとってきた。『ハル、この花の色が違うぞ』という。私は色ってなんのことだかわからないものだから、聞き返した。『同じ花をとってきたんだがね』『同じ花だって色が違っているんだ。同じ色の花をとってこいばいいんだがね』そういわれてとってくると、またまぜてとってきてしまう。『ハルなんかいくらいったってだめだ。ハルは盲目なもんだから色がわからないんだわ』『盲目ってなんのこんだね』『おまえ盲目も知らないんか。盲目って目のみえないことだわ』私は、何がなんだかわからないで『目がみえないと、どうして色がわからないんだね』ときくと、みんなは黙ってしまった……」（改行省略）

桐生清次著『次の世は虫になっても――最後の瞽女小林ハル口伝――』（柏樹社）によれば、こう書かれている。それまでハルさんは自分が盲目であるとは、知らなかったのだ。

生まれて間もなくから、奥の寝間で隔絶されて暮らしていたので、ハルさんは自分が盲目だと知らずにすんだ。家族もあえてそのことには触れず、幼いハルさんにショックを与えぬ気遣いがあったのだろう。ハルさん自身、他の子とどこが違うかの自覚は無かった。

外界に触れることで、それが知らされる。家に駆けこむと、母にとりすがった。

「盲目ってなんのこんだね」

母は言葉につまる。

花を摘んでいて同じ色の花をと言われても違う色を摘んできて、「ハルは盲目だから花の色が分からない」と言われたというと、母は声をあげて泣いた。

そして昼間の明るさの中では、色というものが存在することを話して聞かせ、近所の子供たちに、色が分からなくてもハルさんと遊んでくれるように頼んでくれた。

私は、ハルさんが花を摘んだあたりに行ってみた。産土神社から逆の方向に田んぼに沿って国道を辿ると、畔道の先に大きな欅《けやき》の木が見えた。足を踏み入れると、白や黄の野の花が咲き乱れている。子供にとっては格好の遊び場である。

泥にまみれようと、草の汁がつこうといとわずに、ハルさんは野の花と戯れたろう。都合のいいことに醜いものは目に入らない。

「山でも川でも教えられればいけたわネ」

だがハルさんは、開放感にあふれた春の日の中で、自分の宿命を覚らねばならなかった。

色の識別は無理なはずだが、ハルさんとつきあっていると、色が分かるのではという錯覚を抱く。着物や洋服、持ち物にいたるまで色が調和しているからだ。

ハルさんの中には、私たちの分からぬ色が存在するのだろうか。最初は寮母さんや周りの人が配色を教えてくれるのだろうが、二度目からそれを憶えている。緑の着物に茶の帯と……。

「これ着たいと思うが、みてもらえないかネ。この帯はどうだろう」

人前に出る時は、寮母さんに相談する。良いとなったら、手触りと形で組み合わせを憶える。

「どんな柄だね。どんな色かね」

聞いて頭の中にインプットする。箪笥《たんす》の中には、色や柄の調和した組み合わせがいくつも出来ている。

茶系統とグリーン系が好みのようだが、ハルさんの中で緑とはどんな色なのか、なぜ茶が好きなのか。見えない色をハルさんは、どうとらえているのだろう。

雛祭り

養護盲老人ホーム〝胎内やすらぎの家〟の春の行事は、三月三日の雛祭《ひなまつ》りである。

「今日は雛祭り。たいへんいいお天気です。みなさんよく眠れましたか」

朝九時、恒例の施設長の話が始まった。雛は人間の汚れを背負い身代わりとして川に流されたと、雛祭りの由来が語られ、次いでその日のスケジュールが知らされる。

「ごちそうして下さいョ」

入居者から声があがる。

ハルさんの顔もある。よほどの熱でもないかぎり、決められた行事には必ず出席する。

朝は食欲がないから、御飯は小盛り。一度手をつけたものは、残してはならないと躾けられているから、一粒も残さない。おかずは食べきれないと思えば手をつけず、一品だけにする。家に居た子供の頃から、旅に出て困らぬよう一汁一菜ときめられていた。

毎朝六時半に起きたあと、生味噌を湯に溶かして飲むのが日課だ。そうすると通じがいいと信じている。

見た目では全くその日の状態は分からない。気分がいいのか悪いのか、嬉しいのか悲しいのか、辛くても辛いとは決して言わないし表に出さない。いつも同じハルさんが居る。

午前十一時、〝胎内やすらぎの家〟に併設されている特別養護老人ホームの人々も、車椅子で参加して雛祭りが始まった。食堂には御馳走が並んでいる。

寮母さんが献立を説明する。

「七時はちらしごはんです。十一時はきゅうりと葉わさびの入った漬物。一時は春菊のく

るみ和え、六時はハマグリのお汁、食後はみかん。その他に今日は特別にジュースとお酒がありますＪ

伝え方に感心した。目のみえない人々だから、時計の針の何時かで、場所と献立を説明する。塚本文雄初代施設長の考案だというが、他にも朝のラジオ体操に続くやすらぎ体操など、様々な工夫が生きている。

食事中、一捻《ひとひね》りクラブの俳句が披露された。

「一刻を所せましと雛祭り」

「雛段に触れては楽し春の風」

「雛祭り娘心になりすまし」

このクラブでは、すでに句集『山法師』を出している。

早目の昼食が終わると、集会室に場所を移して、催しが始まった。

入居者の唄、楽器演奏に続いて、職員による声あてクイズ。「エヘン」の一声で誰だかあてる。みな子供のようなはしゃぎようだ。

桜餅と桜湯が配られた。瞽女さんのなかでも、陽気な金子セキさん、出たがりやの近藤ナヨさん、話し好きの山田シズコさんは楽し気だ。金子さんは雛段に飾られた内裏様を寮母さんに触らせてもらってごきげんだ。

「甘酒飲んで、泊まった家のお雛様みせてもらったもんだ」

瞽女時代の雛祭りの想い出を語ってくれる。

フリージア、かすみ草など飾られた花に隠れて、小柄なハルさんが見えない。近寄ると、キチンと両手を膝に置いて、座っている。この人は他の人のように、はしゃぐということがない。感情を表に出さず、人々の浮かれている中で、そこだけ孤独感が漂っている。人に融けこまないのではないが、自分から目立とうとはしない。沢山の人の中で邪魔をせず、黙ってじっとしている。寝間に居た幼い頃の癖が、習い性となっているのだろうか。

「おばあちゃん、桜餅おいしかったですか」

何度目かの〝胎内やすらぎの家〟訪問で私も大分馴れ、竹下さんを見習ってハルさんを「おばあちゃん」と呼ぶようになっている。

「杉本さんのお客さん」

ハルさんは私のことをそう呼ぶ。最初、高田瞽女の杉本シズさんをたずねて行ったものだから、律儀にそれを守る。

瞽女仲間で、きまりがあったのだろう。〝だれそれのお客さん、どこそこの宿〟という風に。おたがいに相手の邪魔をしたり、他の人の客を取ることはいましめられていたのだろう。

母の里でも、どこの家の瞽女さんと決まっていた。〝下のうちのごぜさ〟といえば、杉本キクイさん、シズさん、難波コトミさんのことであり、毎年同じ人が来て泊まっていった。

「杉本さんのお客さん」

と私のことを呼び、節度を保ちながら気を遣っていたハルさんも、少しずつ打ちとけて表向きでない口を、私にきいてくれるようになっている。

「おばあちゃん、お雛祭りはしたことあるの」

「おら、お雛様どころか、仲間も友だちもねくて、出ていけば叱られた。兄や姉は甘酒のんだりしていたども」

ハルさんは、いつも一人だった。

「お雛様なんか、ここに入ってからだ。宿で、女は女、男は男寄って、賑やかなことはあったども」

誕生祝いも〝胎内やすらぎの家〟に入ってからだ。子供の頃、家でやってもらったことはない。

「おらが七つの年、上の子供だけやってもらってたが、目のみえねえもんは、誕生祝いどころか、三度の食事だって……」

瞽女に出ることになってからは、いっそう甘やかしてはもらえなかった。

「トゲがあるから、魚は食べるナ」

「今日は、おまえのきらいな三度豆入るから、ごはんは食うナ」

そういう躾を受けているから、雛祭りだ、誕生祝いだといっても、どうしていいのか、どんな顔をすればいいのか分からない。御馳走が出ても食べきれない。

ハルさんの家庭の厳しさは、他の瞽女さんたちとは、くらべものにならなかった。〝胎内やすらぎの家〟にいる他の瞽女さんたちに聞いても、ハルさんの場合は、特別だという。杉本シズさんや難波コトミさんは、亡くなった養母杉本キクイさんが、可愛がって自分の子供のように育てた。芸を仕込む時は叱りもしたが、自分で食べないでも、おいしいものを食べさせてくれたという。キクイさんは自分が辛い思いをしたから、子供にだけはそうさせまいと、大切に育てたのだ。

近藤ナヨさんや金子セキさんも、いじめられることはなく、自由に育てられたという。

「お前は目が普通にはみえないから、他の人よりいいものを食べさせねばかあいそうだ」

山田シズコさんも、まわりから大切にされた。

「この人（ハルさんのこと）は、小さい時分から、親も厳しかったから、根性がわたしらとちがう。人が一言いえば、二も三も覚《さと》る」

シズコさんの小林ハル評である。

「高田の衆《しょ》は、お嬢さま育ちだもの」

ハルさんは、杉本シズさんたちのことをそういう。

「親が可愛い可愛いと大事に育てられたから、人のことが気にかかる。誰がこう言ったあ言ったと気にするから、人とのつきあいがうまくいがねェ」

ハルさんは、シズさんたちが相談に来るたびにさとし、涙をみせるたびに自分のことを話してきかせる。

ハルさんの部屋は、相談ごとや愚痴を言いにくる瞽女さんたちで、いっぱいだ。

瞽女時代、一時的に弟子だったことのある近藤ナヨさんや、手引きとして共に旅をした山田シズコさんにも、いつも言っている。

「おらは厳しく厳しく育てられ、そのあとも親方には厳しくされてきた。辛いことしかなかったから、弟子には優しくした。だから弟子はロクなもんにはなんねかった」

なかなかに手厳しい。

ハルさんの修業は、家を離れ、旅に出ることになって厳しさを増していった。

初旅

最初の旅は、九歳の年の十一月、南蒲原郡下田《しただ》村であった。同行者は親方の樋口フジ、駒沢コイ、土田クニ、そしてハルさんである。クニは少し目がみえるので手引きをする。

「親方のいうことよく聞いて、口答えしてはなんねぇぞ。せつない時は神や仏にすがってナ」

「お前のために縁切り金とられたといわれないようよく修業しろ」

見送る母や孫爺様の手向《たむ》けの言葉だ。

「ハェ」

元気よく答えたハルさんも、行く手に待ちかまえる困難には、まだ気付いていない。自分の荷を背負った上に、新入りだから親方の分も持たされ、二人分の荷で小さな背はかくれてしまう。後ろからみると荷が歩いているようだ。

母はたまらない気持ちで、親方に一言いいたかったが、後でハルさんがいじめられてはと、黙って見送る。

最初の旅は、瞽女としてやっていけるかどうかの体験入学。なんとしてもやりとげさせねばならない。親方には、非をみつけ、実家から縁切り金をむしりとろうという魂胆がある。母は自分の感情を押しとどめた。

九歳といっても、小柄であまり物も食べず、幼時は寝間で育ったハルさんは、六、七歳にしか見えない。

「おら、着物脱いだら子供みたいだ」

ハルさん自身が言うように小柄である。今もふとんは水色に猫と犬の模様のついた子供用ので十分。昼寝も夜寝る時も足を縮め、はみださないようにおとなしく寝る。いつどこででも寝られるように、旅の荷物には小さなふとんが入っていた。

はじめての旅は、親方のふとんに自分のふとん、敷布、下着類に着物、髪結いの道具……山のような荷を背負って歩く姿は、瞽女を真似た子供のいたずらに見えたかもしれない。

紙張りの子供用の三味線を弾き、「葛の葉」などを唄うと村の人々は驚いた。

「おうおうこんな小さな子が、よく憶えたもんだ」

親方は小さいからといって容赦はしない。荷を持つ上に、親方の世話はみな一番下のハルさんの役目だ。たいへんなのが宿とりである。決まった宿のある場合はいいが、はじめての所では四人分の宿を九歳のハルさんが確保せねばならない。

一緒に泊まれない時は、一番良い宿が親方、次が姉弟子と手引き、ハルさんは最後である。

昼ごはんを食べさせてもらう昼宿探しも、待遇の悪い所だとハルさんのせいだと叱られる。親切な人が、山のような荷に同情すると、人のいない所でどなられる。

「重そうにかつぐからだ。おらのせいだと思わせたいのか」

親方たち大人の宿はみつけやすいが、ハルさんの宿は、なかなかみつからない。小さな子供だと思われて、粗相を心配される。

「小さい子はおしっこたれするから」

「おらはおしっこたれたりしません」

言っても信用してもらえない。

一度でも粗相したら、二度と泊まれないから、お茶も飲まないよう、しょっぱいものも食べないように気をつける。醤油もつかわない。

「よそへ泊まったら、まずおしっこ場へ行く道を憶えろ。お昼食べる時は、表の柱へ笠結わえつけて、雨具をかけて忘れるナ」

母から口をすっぱくして言われている。一度トイレの場所を教わると間違えることはない。瞽女のほとんどは、一度で家の間取りを憶える。生きるための知恵なのだ。

「自分で仕事を憶えて、人のこともしてやるように」

これも母からの教訓である。縫い物、編み物、ふつうの人と同じように、たいていのことは仕込まれている。

はじめての旅から、ハルさんは、親方の茶碗も洗い、仕度も手伝った。

「仕度が出来るからって、いい気になるナ」

風呂に入れば、親方の背中から足の指、隅々まで洗わねばならない。

「その洗い方はなんだ」

気を抜くと、文句が来る。

みんなの洗濯物は、洗って棹にかけて干し、翌朝たたむ。

少しでも時間があると、毛糸で脚絆を編む。親方のは黒、自分のは赤で。

夜十二時頃まで唄っていたあとにやるから、寝ているひまもない。

昼間、寄っかかって休んでいるのがみつかると、はたかれる。

「眠ってるのか！　骨が痛いのか」

朝ごはんも食べないことが多かった。一緒に泊まったならいいが、別の宿で、朝ごはんが遅かったりすると、迎えに来た手引きを待たせるからだ。それが怒られる材料になる。

親方は、これでもかこれでもかと幼いハルさんをいびり、音《ね》をあげるのを待っている。

勤めが出来ないのを理由に、縁切り金を取ろうというのが分かっているから、意地でも弱音は吐けない。母や孫爺様の躾もあろうが、ハルさん自身も、そうとうな意地っぱりでもあった。親方に言われたことに対して、出来ないとは、決して言わない。そうした誇りを身につけていた。

目はみえなくとも、何をやらせても人並み、いやそれ以上によく出来る。難題をふきかけても、いやとはいわない。

親方にすると、しゃくである。

「この小娘が！」

がまん強く、出来すぎているハルさんが、不気味でうっとうしかったのかもしれない。泣くこともしないし、家に帰りたいとも言わない。ごはんはもりきり。親方たちはいくつもおかずを食べても、自分は漬物だけで文句もいわない。

ハルさんは、子供らしい子供ではない。どんなことを強いられても、我慢強く、意地がある。可愛げのある子ではないから辛いことを強いて、厳しくあたりたくなるのだろう。ハルさんの強さが、他の瞽女さんと比べものにならぬ苦労を背負う、一因になったともいえる。

最初の旅で途中から参加したハルさんと同い年の子は、十日そこそこでやめてしまった。

ハルさんのような根性のある子は珍しい。

どれだけ気を遣って宿を見つけても、待遇がよくないと、宿を出てから親方は怒り出す。

「おらがひどい目にあった責任とってもらおう」

ひたすらあやまってやっと許してもらう。

御馳走に手をつけると叱られるので、味噌汁とごはんと漬物しか食べないので、宿の人が心配する。

「もっと食べないと、大きくなれないョ」

「この子は好き嫌いがあって食べないんだわ」

親方は言いわけする。

宿の人が風呂場へ手を引いてくれて、もう一度聞いた。

「なぜ食べないんだね」

「家にいれば何でも食べるんだが」

つい洩《も》らしたのを親方が聞いてしまった。

「おらが何も食べさせないといいたいんだか」

翌日は杖ではたかれ、突きとばされ、あまりの痛さに、次の村に着いても泣き顔でいると、「唄うたえないなら、そこで立っていろ」と命令される。

「唄なんかうたえる」

そんな時は急にシャンとする。

ハルさんの面目躍如としたエピソードである。辛くとも人前では泣き顔は見せず、ちゃんとして唄う。九歳にして、プロ根性が出来上がっていた。

やっぱり、〝可愛い子〟ではなかったのだ。

そうは言っても、九歳の女の子、ほんとうに辛くなかったといったら嘘になる。

「それまでしなくても、間違ったことをしたらちゃんと教えてくれればいいものを、すぐ棒もってはたかれたり、こわい音出してどなられた……」

当時をふりかえって、ハルさんは言う。

「おらは唄憶えるのは、むずかしくねかった。ただ師匠と同じに唄えるわけはねぇ。それを唄下手だ唄下手だといわれ、何かにつけてはたかれる」

それでも母親との約束を破って、瞽女をやめて家に帰りたいとは言わなかった。母が悲しむのが分かっていたからだ。

初旅から帰っても、道中の辛かったことを、家では口にしなかった。

実家では、よく勤めたという意味も含めて、親方の一行四人を、弥彦《やひこ》神社へおまいりしたあと、旅館へ泊めてくれた。宿泊代は実家持ち。

二の膳つきの御馳走が出たが、ハルさんは親方の顔色をうかがっておかずに箸をつけない。同じに食べれば、あとで何をいわれるか分からない。

「この子は、なんでも嫌いで食べない」

仲居さんがすすめてくれると、親方はそう答える。ハルさんの残した分はもらって来て、寝る前に茶をのみながら食べている。向こうから食べろといわれねば食べられないのだと我慢した。

心の中で、自分が親方になったら弟子には何でも食べさせ、風呂にも好きなように入らせると思いながら。

その思いが失言になって、ハルさんは又、親方から杖でうたれ、たたかれる破目になる。

旅館からの帰り道、話の途中で、つい言ってしまった。

「おらが親方になったら、弟子には好きなものを食べさせるし、風呂もいつでも入らせる」

その場は他の人たちも居たので、親方も何もいわない。だがもしハルさんが目がみえたら親方の顔がひきつるのが分かっただろう。

「ガキのくせに、その口にこうやく張ってやる」

案の定、人目のないところまでくると、親方は激昂した。道傍でけられ、たたかれ、ハルさんはその場にうずくまった。

それでいて、その夜は、一行でハルさんの実家に泊まっていくのだから、いい気なものだ。

ハルさんが言いつけないのが分かっていたし、万一言いつけられても、それなら修業の出来ない弟子は引きとってくれといって、金を取ればいい。

「宿でごっつおは出たかネ」

「ハェ」

きかれても答えようがない。実家の心づかいは、ハルさんの口に入らず、ためにはなっていないのだが、言うことは出来ない。

黙って口惜しさ、辛さを自分の腹の中に、飲みこんでしまう。九歳にしてそうした処世術を身につけざるを得なかった。実家の母や孫爺様は、ハルさんの心中に気がついていただろうか。

ゴゼンボ

私は、ハルさんが初旅をした下田村を訪ねた。人口一万二千、雪の砂漠と呼ばれる守門《すもん》岳《だけ》をいただく村である。

東三条に住む山男で、カヌーイストでもある山本早苗さんが案内役だ。五十嵐川の清流沿いに登ると、海抜一五三八メートルの守門岳が、行く手にみえ隠れする。一月のことて、雪に覆われた山は、晴れた空に惜し気なくその姿を見せる。五十嵐川の流れは、この山に端を発する。左手に粟ヶ岳《あわがたけ》、川面には白鳥が十羽ほど羽を休めている。

「ブータンに似たいい風景でしょう」

生まれ故郷の下田村をこよなく愛す山本さんが言う。

虚無僧寺を過ぎたあたりで、角巻き姿の女性とすれちがった。一昔前にもどった気がした。

漢学者、諸橋轍次《もろはしてつじ》の生家の軒にも、つららが何本も下がっている。

「守門にはかもしかが、八木鼻には隼《はやぶさ》がいます。岩魚《いわな》は川で拾えますよ」

五十嵐川は上流で守門川になる。雪は徐々に深く、道の両側には、雪の壁が出来、樹氷が美しい花を咲かせている。

冬場はあまりの厳しさのため、瞽女の訪れもないが、六月初め、雪がとけると、下田村から吉ヶ平《よしがひら》を経て、山を越え会津に出かけるのが常だった。人呼んで「八十里越え」という。実際には八里しかないのだが、山道の厳しさは、一里が十里に匹敵するので、「八十里越え」と称された。

下田村は八十里越えの基地である。私たちは「遅場《おそば》のサンゼンドン」と呼ばれている今井三吉さんの家を訪ねた。

炬燵《こたつ》にもぐりこんでも、古い農家はしんしんと冷えてくる。当主の三吉さんはその時八十歳、血色がいい。

この家にも、亡くなったが、昔瞽女だった人がいたという。名は今井モト、三吉さんの叔母にあたる。隣の葎谷《もぐらだに》には、小林トメという瞽女の親方がいて、モトさんに唄を教えに来ていた。

下田村や八十里越えに向かう瞽女たちは、同じ瞽女仲間ということで必ず立ち寄ったというから、ハルさんも来たことがあるだろう。多い時は、一度に二十人もの瞽女がさわいで歩いたという。さわぐとは、方言でなにか特別のことをする、ことを言う。

「ゴゼンボは大事にしてたね。唄が宿賃で御馳走して食べさせる。いもとか山菜だが、特別にぼたもち作ってやることもある」

このあたりでは瞽女のことをゴゼンボと呼ぶ。瞽女は特別扱いを受け、大切にされた。瞽女が来た夜は近隣から人々が集まり、一晩中唄って賑やかだった。

三吉さんもゴゼンボの唄った「赤垣源蔵」をよく憶えている。

「こういう人にいたずらしてはならねェ」

子供たちは親から言われていた。

「それでも道に穴掘って、上をワラでごまかしてゴゼンボ落としたり……」

山本さんは、子供の頃のわるさを告白する。

「道きかれて、逆の方角教えたこともある」

同行した山本さんの友人の竹石貞三郎さんが言う。みんな幼い頃に瞽女の想い出を持っている。

「お風呂もオケ風呂だが、ゴゼンボが先だった。泊まる部屋は一番いい座敷だ」

このあたりも養蚕が盛んだったから、蚕に瞽女の三味をきかせるとよく育つといわれ、温かくもてなされた。瞽女たちの泊まったという座敷をみせてもらった。十二畳ほどの床の間つきの和室、「天照皇大神」と書かれた軸がかかっている。

二晩ほど泊まると、朝早く出発。宿では弁当を作って見送る。不作の時もゴゼンボには、小さな竹で編んだ弁当箱におにぎりを入れてやる。

「遅場《おそば》のサンゼンドン」今井三吉さんの家は、かつて瞽女たちが出入りした時のままの葛《くず》屋《や》（茅やわらで屋根を葺いた家）である。瞽女の一人がある時、崖から川に落ちて死ぬという事故があった。隣へ行っているのだと思っていたら、足を踏み外して河原に落ちていた。雨上がりで腰まで水があったという。

三吉さんは遠い記憶を辿る。

柔らかいものが足に触れた。この家の黒猫がいつのまにか炬燵にもぐりこんでいたのだ。熱くなったのか、のっそりと起き上がり重い欅《けやき》の一枚戸を器用に前肢で開けると、隣室に消えていった。

三吉さんの家を出て、さらに奥にある今井治右衛門宅で昼食を御馳走になる。通称「遅場のジエンドン」である。このあたりは今井姓ばかりだから、屋号で呼びあっている。

野菜の煮物や心づくしの御馳走の中に、不思議なものを見つけた。細長い木片に平べったいもち状のものがついている。きりたんぽの親玉だと思えばいい。〝ヒコゼン〟と呼ばれるその食物は、特別の折に作られる。

木片にごはんを長円形につけ、味噌をつぶしてまぶし、炭火で焼いて食べる味は、素朴で香ばしい。もともと猟師の保存食だったというが、瞽女たちが訪れると作ってやることもあった。ハルさんも〝ヒコゼン〟を食べただろうか。

「五所ヶ平から吉ヶ平まで、具合のわるうなったゴゼンボを馬に乗せてやった……」

八十三歳の治右衛門さんの中にも瞽女は生きている。

炭三俵のせて八十里越えをし、会津からの帰り道、道の傍らで具合の悪いゴゼンボを見つけ馬に乗せ、炭一俵は自分で背負い残りを引っぱる。空堀から吉ヶ平の宿まで、お礼になにがしかの金をもらったという。

八十里越え

八十里越えでは、瞽女たちがさぞ苦労をしたであろうことは、想像に難くない。

下田村の吉ヶ平から、会津側の入叶津《いりかのうず》までの難所は起伏が激しく、断崖を手で伝ってゆく。山をめぐるので九十九《つづら》折りの道は、まちがうと元にもどってしまう。

なかでも厳しいのが、番屋の峠と鞍掛の峠そして木ノ根の峠である。木ノ根は新潟と福島の県境、ここに簡単な小屋がある。今ではゼンマイ採りが入るだけだが、瞽女たちはこの小屋で夜を明かしたり、炭焼き小屋や茶屋に泊まって会津に行った。

普通の人の足なら朝八時に吉ヶ平を出て夕方六時頃には入叶津に着く。荷を背負っている場合は、木ノ根で一泊が常識である。

途中何ヵ所か、丸木橋を渡らねばならない。

丸木といってもその上を直接渡るのでなく土で固められているから危険はない。困るのは流れ橋。丸太四、五本を藤づるでしばったもので、水が出ると、流れるようになっている。数え切れない沢にかかる流れ橋が流れたあとは、水の中を歩いて渡るしかない。瞽女や女子供の場合は、通りすがりの男がおんぶして渡ることが多かった。

八十里越えは、有名な河井継之助《かわいつぐのすけ》の通った会津戊辰《ぼしん》の道である。同時に塩や米を運ぶための要路でもあった。

長岡藩の河井継之助は、新政府に落とされた城を一度は奪還したが、支えきれず、会津へ向かう。長岡藩士とその家族が、命からがら八十里越えをする様は悲惨をきわめた。継之助も病の身をかごに横たえ無念の思いで山を越す。

「八十里こし抜け武士の越す峠」

見返りの松が空をおおう小松峰で休んだ時の自嘲的な句である。会津に入ってやがて亡くなる。

「会津越す時や、木ノ根の宿で、かかと別れる夢を見た」

八十里馬子唄《まごうた》もその厳しさを伝えている。

「毎年同じ時季に往来する芸人がいた。俗に『ごぜんぼう』と呼ばれた越後片貝の『瞽女』である。盲目の彼女たちは、奥会津地方の田植えが終わって夏蚕の飼育がはじまるまで、いくらか目のみえる手引を先頭に夜具の包みを背負い、菅笠を深めにかむって三味線を抱え、杖をつき、四、五人が一列となって峠を越した」

北陸建設弘済会編『八十里越』にはこう書かれている。

瞽女の他にますぞう歌舞伎の役者や歌本売りなど様々な人が越えていったこの道は、越後から会津への早道だった。茶店にはあんころもち、にしん、そうめん、くるま麩《ぶ》の煮つけが売られていた。

木ノ根、田代平、遅沢、空堀の四ヵ所には小屋があり番人がいて旅人を助けたという。八十里越えの宿場として栄えたのが、吉ヶ平である。かつては三十五軒のうち、宿が五軒あったが、今では過疎のため、集団離村して廃屋が残るだけになってしまった。「遅場のジエンドン」こと今井治右衛門宅で昼食をすませた私たちは、身仕度を整えて、吉ヶ平へ向かうことにした。積雪二メートルはある。どこまで行けるか出来るだけ歩いてみようというのだ。

道案内の山本早苗さんと下田村の青年は、ワラ靴にカンジキをはいている。前夜つくったというカンジキは、母の里板倉で昔見たことがある。私はスキー用のつなぎに長靴、毛皮の帽子に手袋。完全武装で前を行く男たちの足跡を辿っていく。カンジキで踏み固めた上をちょっとでもずれると、ズブズブと腿《もも》まで雪にもぐる。

風は無く穏やかだが、空気は冷えている。時折射す日が、雪の壁を光らせる。

しばらく歩くうち、暑くなり汗びっしょり。帽子をとり、手袋をとり、つなぎの胸のジッパーを下ろしてもまだ暑い。懸命に歩いた気がするが、振りむくとたいした距離ではない。

川のせせらぎが聞こえた。大木の下を沢が流れているのだろう。瞽女たちは、音を道標にしたという。

山陰を大きくまわった所で正面が開けた。

「あそこが吉ヶ平」

山本さんの指す方向の烏帽子《えぼし》岳には大量にたまった雪が見える。

「このあたりで引き返しますか」

吉ヶ平まで、まだ相当の距離だ。一時間歩いても雪道ははかどらない。山本さんは私の足を気遣ってくれるが、ハルさんまでとはいかずとも私も意地っ張りだから、自分から「もういい」とは決していわない。

日もかげって、同行の竹石貞三郎さんが疲れた様子なので、引き上げることにした。八十里越えは、まだ吉ヶ平の先、深い深い雪の中である。

夏になってから、私たちは吉ヶ平まで車で行ってみた。雪道の右手に聞こえた川は、車道からは、左手に聞こえる。深い淵が滝になり、瞽女たちは川まで降りてまた山道を登ったという。

吉ヶ平には田んぼや屋敷跡があり、分校が残っていた。夏の間、守門岳登山の山小屋になり、二階が宿泊、一階にはオルガンと黒板が昔のまま置かれている。裏の川ではヤマセミが水辺をかすめ、茶色の翅《はね》に黒い胴をした〝アネサトンボ〟が舞った。

車の入らぬ所から徒歩で雨生《まごい》ヶ池《いけ》に登る。見事なブナ林の中に息をひそめている深い池には、森が逆さに映っている。大蛇伝説も残る池には、時折、巨大な鯉の姿が見えるという。

水面にせり出したブナの木の根に腰をかけ、冷たい水に手を浸していると、時鳥《ほととぎす》が鳴いた。

修　業

ハルさんの八十里越えは、十歳の六月であった。十月まで続く長旅なので荷物も多い。遅場から吉ヶ平に入ったというから、私たちの辿った道から、雨生ヶ池と岐れた八十里越えの標識の方向へ歩き出す。山場にかかり、親方たちの荷は馬を頼むが、自分の荷はかつぐ。その上に親方の三味線、馬がわりの労働だ。

断崖に沿った細い道は、岩を触り木の根やつるにつかまってそろそろと進む。丸太を結わえただけの流れ橋を渡る時は這ってゆく。ごうごうと川の音がして、目のみえる人でも危険なのに、重い荷を背負って歩くので、足がすくむ。八十里越えでは、目のみえぬ人が川に落ちて死んだ記録もある。

「手引きは一人ずつ目のみえないもんの手を引いて渡すが、目がみえるから恐い。目のみえない人の方が渡るの平気だ。そうでなきゃ、世間も渡れない」

後にハルさんの手引きをしたことのある山田シズコさんは言う。確かに下を見て恐怖に駆られることは、ハルさんもなかったろう。

最初の泊まりは空堀の小屋。旅の男たちも一緒だ。

「夜中に山の中に置いてくるぞ」

小さなハルさんをおどかすので眠れない。

次が田代の宿、そして遅沢。狭い道で馬とすれちがう時は、崖にへばりついて道を譲る。柔らかいものを踏んだと思ったら馬糞だ。蛇が道を横断することもある。そのたびに孫爺様から教えられた光明真言を称える。

やっと入叶津に着くのが四日目。当時の会津は貧しく、主食もいもごはん、葉っぱごはん、とうもろこしなど、米どころの越後と山一つ越しただけで違っている。事情のちがうはじめての会津で、泊まりつけの宿のある親方と離れ、ハルさんは一人で宿探しをせねばならなかった。

「こんな小さな子が可哀そうに」

親方と一緒に泊めてくれる宿もある。

「小さな子はおしっこたれするから」

ハルさんだけ断られることも多い。

どうしても宿の見つからぬ時は、木の洞《ほら》やお宮に寝た。ハルさんの記憶に残る木の洞は、下田村である。

「明日朝迎えに来てやる」

親方たちは唄をうたうため、ハルさんを置いて自分の宿へ行く。

その洞は、小柄なハルさんの体がちょうど隠れる大きさだ。荷物をそばに潜んでいると、村の人々が話しながら通り過ぎる。親方たちの唄を聞きにゆくのだろう。

ハルさんは唄が下手だといって、連れていってはもらえなかった。賑やかな屋敷の様子と親方たちのはしゃいだ声が聞こえてくる。御馳走も並んでいるだろう。想像を頭を振って断ち切る。

あとは静寂……。風が山から降りて来て、木の葉がさわぎ出す。化け物が食っていかないかと怖ろしさに身をすくめた。

お宮に泊まったことも何度かある。小さい子は泊められないといわれ、置いていかれた。その一つ村上に近い国道沿いの近江新神社をのぞいてみた。今はひっきりなしに車が通るが、当時は原っぱの真ん中にあった。

目がみえないから闇の恐ろしさはないが、ふくろうの鳴き声や、虫の這いまわる音が不安を駆りたてる。一番恐ろしいのは人間である。

「もう一人居た小さなごぜさはどこ行った。お宮にいないか」

通りがかりに若い衆がのぞく気配。奥の物陰ににじり寄り、息を殺す。諦めて行ってしまうと、鼠か野良猫か、かさかさと物を引っぱる。お宮の供えものを狙っているのだ。

「お宮だから神様がいる。怖くはないぞ」

ハルさんは自分に言いきかせる。

目がみえないということは、闇と明るさの区別がないこと。昼夜や時間の境、そして距離や空間の境がさだかではない。

水上勉の『はなれ瞽女おりん』には、おりんが男を逃がすために取り調べの警官に答えるくだりがある。

「憲兵さま、おらは、いま、あなたさまがいうさかい目がわかりませぬ。世の中に、いったい、どげなさかい目があるのかわかりませせぬ……」

ハルさんの場合も境がはっきりしないことが、恐さを半減させたかもしれない。幼い頃は、明暗は分かったが、徐々に目は悪くなっていた。孫爺様は医者にみせてくれたが、治るみこみはないといわれた。

「ゆうべは一人でおっかなかったろう」

翌朝迎えに来た親方は聞く。

「おら少しもおっかなくなんかねかった。神様のそばだから」

恐くとも恐いといわない。弱音は吐かない。ハルさんの面目躍如である。

親方の樋口フジは、会津に顔があったらしく、次の年もハルさんたちは八十里越えをして会津に入っている。

二度目の八十里越えはいっそう辛いものになった。おこりにかかったのだ。おこりとは熱病で症状はマラリヤに似ている。満足に食事もとれぬ上、梅雨寒《つゆざむ》で体がまいっていたのだろう。寒気がし気分が悪くとも休めない。一人休むと一人分の収入が減る。

「まめな時稼ぐのは当たりまえ、悪い時もやるのが瞽女の道」

ハルさんをおぶって親方は門付けをする。

「拾うものはおこりしか拾わない」

熱のため文句をまちがえると、わざとまちがえているといわれる。

「そんな子は川に投げてくる」

ハルさんがおこりだと知らない人々は、おんぶをしている親方に同情し、米やお金を余計にくれる。盆やざるに一人に一つかみという風にお米が盛られた。

八十里越えの難所を目の前にしても、熱は引かない。遅場で寝て少し楽になったが、そうするとまた荷をかつがねばならない。吉ヶ平から空堀へは熱が出なかったが、その後発熱、頭痛と目まいで苦しんだ。それでも旅は続けられ、〝流れ橋〟が流れた川は、歩いて渡らねばならなかった。熱がある時に水の中を歩いていいはずがない。それでも泣き言をいわなかった。

「ここで休んでれば、明日馬で迎えに来てやる」

親方がいうと、一緒に行くという。

「家に言って迎えに来てもらおう」

「おらは帰らない」

どんなに辛かろうと、始めたことはやり通そうとする意地は、子供らしいとはいえない。途中で帰れば、母が悲しむだろう。孫爺様は縁切り金をとられるだろうと思うからだ。

「いい人と歩けば祭り、悪い人と歩けば修業」

後年、ハルさんは旅を振り返って言う。会津への旅は修業の連続であった。

会津に着いてまもなく、明治天皇が亡くなられた。一週間歌舞音曲は中止、そのことを鳴物《なるもの》御停止《ごちょうじ》という。瞽女たちはすることがないから、泊まった家で桑の葉を摘んだり、桐の花とり、あるいは子守りをして過ごす。

瞽女の触った桑を食べると、蚕がよく育つといわれ、桑の葉摘みは結構依頼があった。親方は、切れた三味の糸を沢山宿の土産に持って来ていた。瞽女の三味を聞かせると、蚕がよく糸を出すと喜ばれたからだ。

魚沼地方では、苗代の種まきのころ瞽女が来ると、種もみがよく育つからと唄を所望された。病人に瞽女の唄をきかせると治ると信じられている所もあった。

会津のように養蚕の盛んなところでは、瞽女は大事にされたし、天皇が亡くなってすることがなくても、宿もあったし、食物もあった。

「それは瞽女が単に娯楽の提供者だっただけでなく、〝聖なる来訪者〟として、諸種の庶民信仰の対象として迎えられたことと深い関係がある。ことに、瞽女に蚕繭増産の威力を認めたことは、瞽女を温かく迎える最大の要因となり、周辺養蚕国への旅を急速に促した。……」

長岡市立科学博物館長であり、瞽女の研究家として知られる鈴木昭英氏は、『口承文芸研究通信』をはじめ、数々の著作の中で述べている。

瞽女は、単に目のみえない芸人なのではなく、シャーマン的な性格を帯びていた。巫女《みこ》的な役割をも果たし、旅から旅をまわった。

女という旅人の存在と、農村との深い結びつきが感じられる。瞽女は人々の生活にしっかりと結びついていたのだ。

舌禍

二度目の会津でも、ハルさんはついていなかった。災難がふってわいてくる。

「おしっこするから、しばらく手を放せ」

次の村落へ移動する最中、親方が急に言った。

目のみえないものにとって、前の人の背から手を放すことは、不安である。歩く時は、手引き、姉弟子、親方と続き、ハルさんは最後である。親方が手を放せといったら待っているしかない。前の三人が居なくなって、待てども待てどももどって来ない。

おしっこにそう時間がかかるわけはない。山の中の藪に隠れてすることはたまにはあるが、瞽女は用心深いから、出発前にすませて、次の宿まで何度も行くものではない。最初は親方の言葉を信じたハルさんも、だんだん心細くなってくる。

「親方！　あねさ！」

大声で呼んでみるが、返事がない。悪いことをした憶えもなく、置いていかれる理由もない。少し歩いては呼び、手さぐりで進むが、人の気配は無い。鳥の声がひとしきりしたと思ったら、それも途絶え、夜になったようだ。

山道では、ほとんど人の通らぬこともある。動くのをやめ、道に座って孫爺様に教わった光明真言を唱える。

「ビルシャノ　ナカモダラ　ナニハンドマ　ジンバラ　ハラハリタヤ……」

一睡もせぬうちに鳥の声が再びして、朝が来た様子。しばらくして前方から人の声がした。

「瞽女の子供がここで何してる」

「おしっこするからといっていねくなった親方待っているんだが」

「なにか悪いことでもして、置いていかれたんだろう」

「なにもしてないわネ。口答えしたこともないし……」

声をかけたのは、次の村の旦那衆で、ハルさんを、親方たちが泊まった家まで連れていってくれた。

「この子がなにかしたんだか」

「オラの教えない唄うたったんだ」

親切な旦那衆は、ハルさんが置いていかれた理由をただす。

いわれて思いあたった。ハルさんは、前の村落で一人泊まりだった。例によって親方たちとは一緒に泊めてもらえなかったのだ。

そこで「葛の葉子別れ」を唄うと、宿の人たちが涙をふき終わって、口々に聞く。

「そのあと、葛の葉や子供は、どうなったんだか」

ハルさんは、孫爺様から教わった文句を節に乗せて語った。当時「読売」という本がはやっていて、時々売りに来た。孫爺様から読んでもらって憶えていたのを即興で唄ったのだ。親方を怒らせる理由になるとは、夢にも思わなかった。

子供は無邪気だから、誉められると得意になって、知っていることを披露する。

私も四、五歳の頃、ねえやが読んでくれた講談本の一節を丸暗記した。客があると、その前に座ってぺこりと頭を下げて語ったそうな。

「天正十年　六月二日　明智光秀は……」

今も出だしだけは、はっきりと憶えている。

いくらしっかりしているとはいえ、子供である。乞われればつい唄いたくなる。親方のいない解放感もあったろう。その唄をうたってはいけないと言われたことがなかったから、逆鱗に触れるなど、予想だにしなかった。

ハルさんを連れて行ってくれた旦那はいい人で、事情を察し、後でいじめられてはいけないと心配して、親方と姉弟子、手引き、そしてハルさん全員を自分の家に泊めた。

別れ際、今後一人になった時のために、ハルさんの告げた三貫地の住所と孫爺様の名前を書いてくれた。さらに事の顚末を手紙にしたためて孫爺様に渡すようにとそっと手渡した。

家にもどってから、その手紙を読んだ孫爺様は、旅の間の苦労を知って、会津の恩人に、お礼にふとん地を送った。向こうからも名物の栗が送られて来て、両家の間には交流が出来たという。

会津の旅は、決して心楽しいものではなかった。米どころ越後とちがって貧しく、米や金をくれる人も少ない。代わりに麻をもらってよりわけて売ったり、秋には栗ばかりもらったこともある。

年を経て、ハルさんは二度ほど会津に出かけた。その時手引きとして同行した山田シズコさんも、会津行きは好きではなかったという。

当時は農家には牛や馬がいて、簡単につないだり、野放しにしておくものだから、トイレに行くのに恐くて仕方ない。

「うちの家のゴゼンボだ。いたずらするな」

家の人はそういってくれるが、牛や馬に通じるわけがない。場所は、前もって調べてあるから間違いはしないが、牛馬の前を通る時は、豆の葉や木の葉を投げて、それを食べている隙に素早く横切った。木の葉などは、山の峠などで一休みしながら採っておく。

もう一つ会津で困るのは言葉である。方言の中でも難解とされるだけに、なかなか憶えられない。峠一つで越後とはがらりとちがっている。

会津の人々の懐にとびこむにも、瞽女たちの苦労は尽きなかった。

母の死

会津の長旅から帰った十一歳の十一月、母が逝《い》った。ハルさんの行く末を誰よりも案じ、厳しく躾けてくれた母である。

たまたま風邪を引いて寝ていたハルさんから少し離れた部屋で、母はふせっていた。大儀そうに寝たきりだったが、いつもの喘息の発作だろうとしか、まわりの人は思わなかった。

容体が急に変わって、枕元に呼ばれた時は、声も出さなかった。じっと、ハルさんの方を見たのが最期だった。ハルさんを残して、母は、死に切れぬ思いだったろう。

「目のみえないハルがかわりになればよかった」

心ない人の言葉にも、ほんとうにそうであればよかったと思う。

「なんぼ逝きたくても逝かれねェ。縄にかかれば首が痛むし……」

後を追って自殺も考えた。

なぜ母が自分にだけ厳しかったのか理解していなかったが、亡くなって後に、秘めた思いを知ることになる。

「ハルさんは、目がみえないのに強く生きてきた。目あきと同じように、普通の人に馬鹿にされぬように懸命につとめてきた。目がみえないという諦めから立ち上がって、これより他に生きる道がないと開き直って出来ることをしてきた。強く生きながらも、その中で忘れない優しさと、まっすぐな素直な心にうたれる」

ハルさんの身元引受人でもあった民俗学者、佐久間惇一氏はいう。

「そうした素直さや、きまじめさは、ハルさん独自のものだろうが、やっぱりお母さんです。お母さんがえらかったんですネ」

〝胎内やすらぎの家〟の伊藤正市元施設長は、ハルさんをみていてそう思った。

「よっぽどついてない人」

と他の瞽女たちからもいわれる苦労の連続。師匠運も弟子運もわるい。

「前世でよくないことでもしたんだか」

ハルさん自身もいぶかるぐらいだ。

「そんな人生を送りながらも、偏屈にならず意地悪くもならず、常人と同じに、いやそれ以上に生きてきたのは、ほんとうに珍しい」

佐久間氏の言葉に、私も同感である。

「ハルさんはなんぼああいう風に、厳しく育てられても、いやしげなところがない」

と手引きをしたことのある山田シズコさん。

「いいとこで生まれたからちがうんですョ。小さい時からカタカタしく育つとだめ。子供だけは大事にしなきゃ」

「いいとこ」という意味は、区長をした家柄ということではない。お金があるということでもない。子供の行く末を考える愛情と躾があったかどうかなのだ。

母は、目のみえない子の将来を思って厳しく躾けたが、深い愛情に裏打ちされていた。ただ意地悪く辛いことを強いたのではない。その愛情を感じとることが出来たからこそ、まっすぐ素直に受けとめることが出来た。

ハルさんという人格は、短い生涯をかけて、母がつくりあげた最高の傑作であった。

ハルさんに具わっている一種の気品は、母から教えられたものを、心の中で人切に育んできたからこそ身についたものだろう。

私自身も亡くなってはじめて、若い頃の母への反抗も、私の今の生き方も、母の掌の上だったと思い知らされている。どんなにひどいことを言ったりしたりしても、母だけは私を見捨てはしない。母から見捨てられることはないという甘えの上に立っていた。

私がうるさがろうとも、死ぬ間際まで言い続けた。

「あなたがいやがろうが聞いていなかろうが、死んだら言えないから、これだけは言っておきます」

その言葉の一つ一つが、私の胸の中にしみついている。聞かないでいるようでいて、母の言葉は、知らぬ間に私の細胞の隅々にまで行きわたっている。

「おらはいつまでも生きてられねぇ。なんでも覚えねば、あの時覚えておけばいかったといっても、二度と教えられねぇ。だから今覚えねばだめだ」

ハルさんの母もそういった。

その母を、ハルさんはたった十一歳で亡くしている。共に生きた時間が短かったからといって、関係が薄いとはいえない。

学校へも行かず、七歳から瞽女の修業をしたハルさんだが、自分の寝間で過ごした間、毎日母と対する時間があった。他の子供とくらべて、密度は濃かったにちがいない。母が厳しかったのは、父のいないせいもあった。二歳の時に亡くなった父のかわりもせねばならないと、自分に言いきかせていたのではないか。

「今になって厳しく育ててもろただけ、ありがたいと思うてる。目がみえねェから、可哀そう、気の毒となんも教えらんなかった人は世間がみえねェで気の毒だ」

ハルさんに聞いても、あまりお母さんの話はしない。話さなくても、母は体の中に住んでいるのだろう。

私の場合も、母がいなくなったら、どんなに淋しく心細いかと想像していたのだが、亡くなってみると意外にちがっていた。母と私が一体になってしまっているせいではないかと思う。

ハルさんは、まだ子供でもあり悲しくはあったろうが、強く生きていく土台が心の中に築かれていた。それを築いてから母は亡くなったのだ。二度の長旅を終え、瞽女として、ハルさんがやっていけそうな姿を目にしてからの死だった。

父に次いで母も亡くし、孫爺様、孫婆様はいるものの、ハルさんは身近な保護者を失って、いやおうなく自立の道を歩むことになった。

母がハルさんの身につけさせたかったもの、それは、目はみえなくとも、自分で生きていく、今風に言えば、自立の道だったのではなかろうか。ハルさんの目がみえていたなら、当時の女性のことだから考えなかったかもしれないが、目もみえず、親もいないとあっては、自立の道を歩むしか方法は無かったのだ。

もう一つは人間としての誇り。目がみえなかろうと、ひどい境遇の中にいようと、自分だけは神に恥じないまっとうな生き方を貫く誇り。シズコさんのいう「いやしげなところがない」という意味だ。

ハルさんの母は今、小林家の菩提寺である、三条市の山懐、妙法寺にある海蔵院に眠っている。

越後新四国八十八ヵ所の札所でもあるその寺は、板塀に囲まれた堂々たる威容を誇っている。三条市の文化財指定を受けた、木造阿弥陀仏如来をまつり、門の前には〝妙法寺の火井〟として天然ガスの出た跡も残されている。

ハルさんの実家を訪ねた後、私は農道を車で走り山麓をまわり方々でたずねながら、やっと寺に辿りついた。

階段を上り山門をくぐると、新しい墓石が並ぶ。このあたり小林姓が多いのか〝小林家〟と書かれたものが多い。山桜が二、三片ほころんで、根本に鼠の死骸がころがっていた。

本堂の横から裏山にかけては、うっそうたる竹林である。ひっそりと鶯《うぐいす》が鳴く。山裾にも古い墓が並んで、小さな石の地蔵がひしめいている。蒼々と苔むした二つの墓の一つに、ハルさんの母が葬られていると聞いた。崖をのぼると、靴の裏に黒い土がべっとりとつく。

ハルさんは三十六年ぶりの里帰りのあと、はじめて母の墓にもうでた。口の中で何事かを呟きながら墓をなでる。心の中には長い間の母への思いがたまっていただろう。

その時もテレビカメラがまわり、多くの人々がみつめている。ハルさんは涙も見せず毅然として墓を離れ、本堂で「瞽女松坂」と「阿波の徳島十郎兵衛」を奉納した。

墓のある後ろの土手に、淋しげなピンクの花が咲いていた。〝ショウジョウバカマ〟またの名を〝瞽女花《ごぜばな》〟ともいう。

第二章　定めの中で生きる

戒律

十二歳の年、初潮があった。家に帰っていた時で、下っ腹が痛んで腰巻きを汚した。母から教わった通り始末をする。その頃は、紙や綿をあて、一丁ふんどしのようにしばったという。子供の頃から、こうしたことがあるときかされていたので、驚かなかった。ハルさんは、沈着で胆が据わっている。母が教えた賜物《たまもの》である。十二歳の初潮はその頃では早い。ハルさんの体は小柄ながら、順調に成長していた。

それからの旅は、もう一つ厄介なことをかかえることになる。荷物が増える。宿の敷布を汚さぬよう、小さな敷ぶとんを入れてゆく。夜は用心して、薄いふとんを二つに折って、腰に敷いた。汚れものは、宿や途中の川で洗濯する。下着類は清潔にしていたが、ふとんなど汚すと、洗濯は容易ではない。

生理の時期は、下っ腹が痛んだり、頭痛がする。それでも仕事は休ませてはくれない。仕事の妨げにならぬよう、我慢して働くのが瞽女の道とされた。

ハルさんは頭痛持ちである。目が痛《や》めると、何をする気もなくなる。十二の年、二番病みをしてほとんど見えなくなった前後から、頭痛も激しくなった。生理時は二重にひどい。ハルさんは、目頭を両方の指でじっと押さえていることがある。視神経は生きているわけだから、時として痛み出す。春先から夏場にかけてが要注意。

「頭に桶《おけ》かむったようだ」

不快感を訴える。頭全体がしめつけられ、痛みが起きると一日や二日は続く。

私も偏頭痛持ちなのでよくわかる。吐き気を伴い一日中苦しむ。使いものにならぬ状態でも、仕事はせねばならず、人前で話などする時の辛さといったらない。

病院で調べてもらっても原因不明。病気とは認めてもらえない。ハルさんの辛さが他人事とは思えない。

当時は良い薬もなく、頭が痛くてもお腹がしくしくしても働かされる。頭痛は若い頃からのハルさんの持病だった。

薬といえば、毎年やってくる越中富山の薬売りから買う家が多く、ハルさんの家でも、孫爺様《まごじさま》が一年分の常備薬を買っていた。例年のことなので顔見知りになり、家に上がって昼を食べたり、泊まっていくこともある。

荷の中には、孫爺様がつくってくれた桐の箱の中に、頭痛薬や胃腸の薬など富山の薬売りから買ったものが入っていた。

初潮の時期に合わせるように、ハルさんも旅先で、若い衆から目あてにされるようになった。

十二歳の秋、村上に出かけた折、後ろから抱きあげられて連れていかれそうになった。少し離れたいろり端には親方たちもいたのだが、目がみえないから、声をあげてもなにも出来ない。運良く宿の主人が帰宅して叱ってくれたので、若い衆はハルさんを置いて逃げ、事なきを得た。入り口で栗の皮むきをしていた時だったので、手には、しっかり栗がにぎられていたという。

小柄ながらハルさんも大人の仲間入りをし、以後夜寝る時は、夜這《よば》いを考えてしっかりと膝をしばって寝た。座敷で酒が入った夜など、危険だという予感がして、編み物をしながら一晩中起きていることもあった。

電気が消えた闇の中では、目のみえるものはかえって不安だ。暗がりを手探りでさがすが、目のみえないものは、日頃から訓練が出来ている。家の間取りも頭に入っているから、男がまごまごしているうちに、次の間や廊下に逃げ出す。

大声をあげて、宿の人に助けを呼ぶことも出来るのだが、たいてい起きてはくれない。田舎のこと、夜這いを容認する風潮もあるし、追っぱらうと、畑のものを引きぬかれたり盗まれたり、あとで若い衆たちにいやがらせをされる。

目がみえないというハンディがありながら、瞽女たちは、男たちから自分で自分の身を守るしかなかった。

「気さえつけていれば、そんなにむずかしいことではないわネ」

ハルさんは若い頃をふりかえってそう言う。

入広瀬《いりひろせ》村に出かけた時、夜中十二時に戸口がガタガタいって、若い衆がしのんできた。

「何の用だネ」

ハルさんはすぐ着がえをして正座する。

「用を足せ」

男が言う。

「男の用など足せないワ」

「用足さないならおまえを殺す」

「それなら、殺してみろ！」

ハルさんは開き直った。その気迫にのまれて、男は、ハルさんを諦めて出ていった。腹いせに大事な三味線を傷つけていき、商売が出来なくなった。

「きのうは化け物が出たワ」

「狐がだましに入ってきた」

親方や姉弟子たちがいうのも、みな夜這いの類だった。

「夜這いがくると、おかあさん（キクイさん）畳に針さして『もし近づいたら、刺すすけ』といって身を守った」

高田瞽女、杉本シズさんは、瞽女の厳しさを語る。

瞽女にとって、操《みさお》を守ることは、戒律の一つである。男が出来たら、親方衆が集まって厳重に審議をし、瞽女をやめて結婚するか、離れ瞽女になるしかなかった。旅の途中、夜這いをされて子供が出来、追放された瞽女たちは数限りない。

なぜ瞽女たちは処女性を重んじたのか。一つには女ばかりで旅をする上で、目のみえないもの同士が、団結するには、男を排除する掟《おきて》が必要であったこと。もう一つは、瞽女研究家の鈴木昭英氏のいうように瞽女の巫女《みこ》的要素を考えるとよく分かる。唄をきかせて蚕《かいこ》の糸をよく出させたり、病人を快方に向かわせたり、一種のシャーマンとしての性格を持つ以上、処女性はなくてはならぬ条件だった。

成長するにつれ、ハルさんの三味線も大人用になった。孫爺様が買ってくれたのだ。三貫地の実家では兄が嫁をもらい、ハルさんにお金がかかることを喜ばなかったが、孫爺様は無理をしてくれた。母がくれぐれも後のことを頼んでおいたからだ。

それまでの子供用の三味線は、うっかりハルさんが親方の撥《ばち》を踏んだために、取り上げられた。新しい大人用の三味線を買ってもらうまでの間、ハルさんは三味線もなく、手引きと二人で、ひろった石を二つたたきながら門付けをした。

「石たたきごぜさ！」

と子供たちははやしたて、棒でお尻をつついたり、犬をけしかけたり、それでも、子供二人で可哀そうだといって、米や菓子をくれる人もいてなんとか稼ぐことが出来た。これも父母が守ってくれたおかげと、以来二つの石を両親がわりに荷の中に入れて歩くことになる。

十四歳になると、親方とハルさんは、手引きのトシコとともに二丁三味線で、村々をまわりはじめた。亡き母の実家のある柳川では、ハルさんがまわっていくと喜び、親方以下三人を泊めて歓待してくれた。祝儀も沢山出たので、親方もきげんがいい。

「三味線も弾けるようになったから、もっと声が出れば、一人前になれるわネ」

珍しくハルさんを誉める。

母の実家では瞽女になった祝いに、着物をつくってくれるという。見付縞で長袖の着物は仕立て上がると、ハルさんの家に届けられる。ハルさんにとって初めての新しい着物だ。

「目のみえないもんは、みえるものに世話にならねばなんねェから」

という理由で、新しいものはみな姉二人に行き、お古ばかり。折角の母の実家の心づくしも家に届けられては、姉にとられるかもしれない。これだけは自分で着たいと、大事にしてくれる馴染みの家に届けてもらうことにした。

なかなか気がまわる。九歳から旅に出て世間も耳学問で学んでいたから、ハルさんはふつうの子より、しっかり者であった。

挫　折

ハルさんが樋口フジに弟子入りを決めた時から十年が経っていた。十六歳、見かけも子供から娘になった。

だが唄の方は、長足《ちょうそく》の進歩とはいかない。三味も弾けるし、物憶えは人一倍だ。問題は声である。フジ親方は美声だったというから、ハルさんの低い破れたような声が気になる。寒声は使えても、男性的で女っぽさがない。

「声の出ない者は死んだ馬より悪い」

「鶏はトキをつくるが、お前は声悪うて、トキもつくられねェ」

「お前のようなのは、猫や鼠しょっぱって歩くより悪い」

悪口を浴び、茶をのみながら唄のけいこをする親方たちのそばで、つくろいものをする。

「親方と同じになんか唄わんねェ」

ハルさんにはハルさんの声があり個性があるが、それを引き出すより、口うつしに教え、その通りに唄えないと叱りつけるのが、当時の教え方だったのだろう。

フジ親方に新しく弟子が出来ないうちはよかった。ハルさんの出かけなかった旅先で、親方は新しい弟子を二人みつけて帰ってきた。一人は少し目がみえ、一人は全くみえない。旅をするのに人数が多すぎるので目のみえないハルさんが犠牲になった。唄が下手だから、お前はいらないという。

「家で休んでてくれ」

ハルさんは、瞽女をやめる気はなかった。家でもお金をかけて仕度をしてくれたのに無駄になる。

一度は手引きが呼びに来て歩いたが、また休んでいてくれという。

「おまえんとこは鉄砲打って鳥とるから、たたりで声が出ないんだろう」

親方は孫爺様のせいにする。孫爺様は、時々鉄砲をうって鳥をとることがあった。

「それならフジ親方のところはやめればいい」

家でもいうが、こっちから言いだすと親方の思う壺、縁切り金をとられる。向こうからいらないといわれた形ならば、金は払わなくてすむ。

フジ親方は、ハルさんをやめさせるつもりでいる。孫爺様もそれなら金を出さないことでと話がついた。

その夜はハルさんの家に泊まって御馳走になるのだからいい気なものだ。

「今度こっちへ来たら寄ってくだっせえ」

孫爺様もそういったという。農村は互助的共同社会、けんか別れはしなかったものとみえる。

「身を粉《こ》にして修業すれば、今に一人前になって、弟子を持ち独り立ち出来る。それまでどんなに辛くともがんばるんだ」

亡き母の言葉を思い出し、ハルさんは母に報いられなかったことだけが辛かった。

ひまを出されたのは、大きな挫折だった。どんなことにも耐え、音《ね》をあげずに勤めてきたことが水の泡だ。亡き母にも孫爺様にも申しわけない。ハルさんは一人寝間で悶々とする。

家では、縄でもなって、草むしりしてればいいと言ってくれるが、自活の道を知ってしまった身は、世話になることを潔《いさぎよ》しとしない。

旅まわりも瞽女づとめも辛いが、人の情が身に沁みて、嬉しいこともある。これからどうすればいいのか、ハルさんは真剣に悩んだにちがいない。

時折、噂を聞いた瞽女が一緒にどうかといってくれるが、気乗りがしない。

「ぼっこれ薬缶《やかん》」といわれて、また同じ目に遭いたくはない。

そんな時、家に泊まったのが、ハツジサワという長岡系中条組五千石組の瞽女である。

「唄をうたわなくとも、他のことに使ってもいいから、しばらく貸してみてくれ」

熱心に言われてサワの家に連れていかれた。

「ひとつ聞かせてくれ」

唄うと誉められて、ハルさんも少し自信を回復した。

瞽女屋

中条組には当時四十人から四十五人の瞽女がいて、元は長岡に属している。サワの師匠、久住ユキは年輩であり、樋口フジなど組織の外の瞽女とちがい長岡直系としての系譜がある。弟子にするにも、長岡の許可が必要なので、サワ親方はハルさんをつれ、長岡大工町にある瞽女屋へ連れていった。

一年に一度、長岡系瞽女が瞽女屋に集まる四月十七日、妙音講であった。四百人近くの瞽女が、各地から集まってくる賑やかな場に、ハルさんは、さぞびっくりしたろう。

長岡組は、長岡大工町に瞽女屋があり、そこに住む山本ゴイが頂点になる。大親方山本ゴイには、奥女中、中女中、下女中と目のみえる世話係がついている。瞽女の総元締は代々山本ゴイを名のり、亡くなったあとは、親方衆の中から、次の山本ゴイが選挙で決められた。

サワ親方につれられてハルさんがはじめて出た妙音講では、瞽女御条目の朗読、守り本尊弁財天と山本家代々の供養、そして唄の奉納と行事が進められた。現在〝胎内やすらぎの家〟で行われているのは、高田方式であるが、それほど違いはない。正面に弁財天の掛け軸をかけるのも同じである。

瞽女唄奉納では親方衆の唄につづいて、弟子の中から声が良く唄のうまい瞽女が、選ばれて唄う。一通り終わるとお斎《とき》が出る。瞽女ならば全員そこに居て良いのだが、大勢だから何回も交代で席につくことになる。ハルさんの出席した時には三百六十人ほど、一人一人名を呼ばれて返事をする。

「小林チヨノ」

「ハェ」

晴れがましい思いで答える。サワ親方のところでは、ハルさんは「チヨノ」と呼ばれることになっていた。

料理は全部お精進。魚類はない。豆腐、油揚げ、こんにゃくなどの煮物。それにおにぎり。山田シズコさんの話では、弟子たちはよく〝おにぎりもらい〟をさせられた。大きな釜で炊くごはんはことのほかおいしく、一つ二つとおにぎりをもらうのが楽しみだったという。

親方衆が「さくらくずし」などを唄っている間、弟子たちは勝手なところに行っていい。お小づかいをもらって一銭ずつ出して好きなものを買う。

髪にさすかんざしや櫛、山田シズコさんが後にハルさんと共に妙音講に出かけた時は、ハルさんはべっこうの櫛と金のかんざし、シズコさんは花かんざしを買ったという。年季の浅いものは、べっこうの櫛はさせない、メリンスの着物は着てはならないと決まっていた。

「長岡の駅から大工町の瞽女屋まで、ずっと店が出て、それはそれは賑やかで、お祭りのようだった」

少し目のみえるシズコさんは、赤や青ののぼりが立ち、色鮮やかな衣類やかんざし、三味の糸、杖を並べ、飴や風船、玩具を売る露店がひしめく風景を今も目に焼きつけている。

瞽女屋は堂々たる門構えを持つ、寺より大きな学校のような建物だった。山形に出かけた人も、会津に行っている衆も、三国峠を越えて群馬県に足をのばした組も、みな四月十七日には帰ってくる。大きくても瞽女屋一軒では、まかないきれないから、瞽女屋のまわりにある民家に泊めてもらったり、旅館に宿をとった。

一年に一回出会い、無事を確かめ、情報を交換し、新しく憶えた唄を教え合う。妙音講は勉強の場にもなっていた。

ハルさんは、数日間長岡に滞在して、四月十九日には、山本ゴイに会うことが出来た。ゴイに会うのはたいへんで取り次ぎがないと通してもらえない。男は出入り禁止、後に五色軍団語りという盲目の男たちや浪花節語りだけが会うことを許された。

ハルさんの場合は、サワ親方の口ききである。

「下方で憶えたもの聞きたい」

山本ゴイに言われて「ぼっこれ薬缶だから」と辞退するが、結局樋口フジに習ったものを唄う。長岡組に入れてもいいかどうか試されたのだ。

「よう唄えたナ」

懸命に唄ったほうびに、山本ゴイは下着と赤い半襟をくれた。晴れて長岡系中条組五千石組の一人として認められたのだ。ハルさん自身は、まだサワ親方の弟子になると決めてはいなかったが、すでに「チヨノ」名で長岡瞽女として登録されていたのだった。

大工町にあった瞽女屋の跡は、どうなっているのだろう。ゆかりの物が残っていれば、町の文化財といってもいいのではと思いつつ、私は冬の長岡を訪ねた。

新幹線で長岡駅を降りて西へまっすぐ、長岡藩おかかえの大工の町として栄えた地名も、日赤町と名を変えている。

案内役は、長岡市立科学博物館長で瞽女の研究家、鈴木昭英氏である。かつて瞽女屋として栄えた建物は、影も形もないが、昔と同じ場所に山本ゴイの子孫が住んでいるという。日赤町にある灰色のコンクリートのビルと茶色のビルとの間にその家はあった。プレハブ風の二階家の板囲いをした入り口には、つららが垂れ下がっていた。

呼んでみるが、扉は固く閉ざされたまま、昼間は勤めに出て無人なのだろうか。朱い郵便受けの上には、雪が溜まり車の上にも、厚い雪が積もっていた。

「最後の山本ゴイは、昭和三十九年に亡くなりました」

昔を懐かしむように、鈴木氏が言う。

昭和二十年八月一日、長岡は大空襲に見舞われた。山本ゴイは、旅に出ていて無事であった。しかし広大な瞽女屋は焼け落ち、立ち寄っていた瞽女が亡くなった。

そこに住む人は、最後の山本ゴイの養子の子供にあたる。

やんでいた雪が、降り出した。

風が、かつての瞽女道を通り過ぎる。積雪は約七十センチ、道の両側には民家が並んでいる。妙音講の折には、このあたりの家々が民宿となって、各地から集まった瞽女たちを泊めた。最盛期には、ふとんが足りずに方々から借りたものだという。

風がコートの裾をまくりあげる。私は雪道に立って目をつむった。鮮やかなのぼりを立てた露店がみえる。櫛やかんざし、三味の糸などが並び、呼びこみの声が聞こえる。若い瞽女たちが楽し気に行き交う。

小林ハル、名をかえて小林チヨノの姿もまじっている。

目を開くと、それらは一瞬のうちに消え、賑やかにさんざめく音は、雪に吸いとられていった。

私たちは、山本ゴイの墓を探すことにした。近くの墓地に葬られていると聞いていたからだ。唯敬寺という名だけを頼りに通りすがりの人に聞く。教えられたとおりに筋を曲がり辿りついた同名の寺には、墓地が無かった。

区画整理の対象になったのか、寺が処分してしまったのか、長岡瞽女の頂点に立ち、存在を誇った瞽女屋も、大親方山本ゴイの墓も、面影を留めない。

二人目の師匠

ハルさんは、晴れてサワ親方の弟子になった。サワは弟子を持ったことの無い人で、ぜひにと頼まれたのだ。親切な人だし、一緒に長岡の妙音講にも出かけて気心が知れている。

「一生、親子と思ってつとめたい」

ハルさんの方でもそう思い、親方運の悪かった自分にも、ようやくいい運がめぐってきたと喜んでいた。

噂を聞いた前の親方樋口フジは、内心穏やかではない。狭い社会だから、どこからか噂は入ってくる。

「家にいるからという約束で帰したんだ。他に出るなら、縁切り金をもらいたい」

と言ってくる。どこまでも強欲なのだ。孫爺様のはからいで、三味線一丁をフジに渡すことで、折り合いがついた。

サワ親方との約束は、年季二十一年。稼ぎは一人前という条件である。瞽女の稼ぎは、本来手引きも修業中の弟子も平等に扱われる。公平がたてまえだが、親方と年季の明けない弟子の間では、さまざまな形があった。ノルマ以下の場合は削られるが、ノルマ以上に働きがあれば、残りは全部自分で手にしていいこともあった。

「長岡は親子といっても、親子の情が無い。一緒に生活してないもの。わたしら子供の時から頭結ってもらったり、顔洗ってもらったり、抱かれたりして育てられた。おっぱい飲ませないだけで、養女としてもらったら、ごはんも着物も全部親がみてくれて、小遣いだってもらってたわネ」

高田瞽女の杉本シズさんは言う。高田の場合も、全員稼ぎは平等というたてまえは同じだが、一緒に暮らしているだけに、長岡とはちがって、つながりは深かった。

それだけに悪い師匠についたら、一生逃げることが出来ない。

唄を仕込むのは、高田も長岡同様の厳しさである。

「お母さん教えて下さい」

朝の五時に起きて、朝食前にさらってもらう。

「朝飯前に習った唄を、ごはんの下にするナ」

お膳の前で「忘れるナ」と注意される。

夜は十二畳の隣にある三畳間で、夕御飯がすむと十二時まで稽古。三味や唄を間違えると撥ではたかれる。

「高田あたりは仕込むには厳しくするが、食べ物や着物は厳しくしない。そんなことという人誰もいないし、そうでないと可哀そうでしょ」

杉本シズさんのいうように、養女と、仕事上の弟子とはちがいがある。

高田瞽女ほどの愛情のつながりは無いにしても、サワ親方はいい人で、手引きを連れての三人旅は楽しかった。ハルさんは長岡組の正式な唄をそこで習うことが出来たのだ。

十七歳の時、サワ親方と一緒に、米沢へ長旅を経験する。米沢は食べ物も良いし、人々も温厚で、瞽女たちを温かくもてなしてくれた。

「米沢歩きはいやなこと一つもなかった」

瞽女たちは言う。道中も八十里越えのような厳しさは無い。平坦で歩きやすく、ハルさんも米沢歩きは大好きだった。最初の旅は六月から十月に及んだ。

ただ困ったことに、サワ親方は体が弱い。親方の出られない時は、手引きのハツイと二人でまわることが多くなる。瞽女は目のみえないもの同士、お互いが助け合わねば生きていけないから、一人が病気になると、残った瞽女だけで出たり、他の組と組んで代わりの人を見つけた。

私が〝胎内やすらぎの家〟へ、ハルさんの取材に通っている時、こんなことがあった。珍しくハルさんは風邪気味で辛そうだった。ハルさんの方からは決して〝辛い〟だの〝困る〟だのということがないだけに、高齢も考えて、こちらから話を聞くのをやめ、山田シズコさんに取材を切りかえた。

「おら、代わりに出るすヶ」

シズコさんがハルさんに断っている。自分が取材されるというよりも、あくまでハルさんの代わりを務める気でいるのだ。

かつての瞽女たちの深いつながりを垣間見た思いがした。仲間意識が強く、樋口フジとハルさんの間柄のようないじめも存在するが、いざとなったら、お互い協力しあわねば生きてゆけない。弱い者同士が身を寄せ合っているのが現実だ。

ハルさんが、親方の代わりに、手引きのハツイと栃尾の在に出かけた時だった。宿を頼んだ家で近在の人が集まった席上、リクエストを求めた。「信徳丸」の希望が多かったので、ほんとうにそれでいいかと確かめた上で語ることにした。「信徳丸」は継子いじめの物語である。

長い物語を一気に語り終え、夜十一時過ぎ、人々は満足して帰って行った。事が起きたのはその後だった。隣の部屋で夫婦げんか、耳をそばだてていると、原因は、「信徳丸」である。

「わたしが後妻なのを知っていて、瞽女さは面《つら》あてをした」

というのだ。わざといやがらせをしたと言われてはハルさんも黙っていられない。

「そういうつもりはないわネ。だから唄ってもいいか先に聞いたんだワ」

女房は取り乱しヒステリー状態になって泣きわめく。

「わたしは連れ子と一緒に出ていく。あんたは瞽女さと一緒になればいいんだワ」

あらぬ方向に発展してゆく。

主人は手がつけられない。おろおろして困りきっている。

「おっかさん、おらたちが出ますから」

やむを得ず、ハルさんはその家に泊まることを諦めた。夜中に小さな手引きの子を連れて宿なしとなり、近くをまわったが、急には見つからない。やっとのことで一軒快く泊めてくれる家に出会った。

地獄に仏、理由を話すと、その家の人が驚いた。偶然にも、先刻追い出された家の先妻の実家だったのだ。亡くなった仏の導きだといって、とりわけ親切にされ二晩泊めてもらった。

因縁めいた話は他にもある。秋の夕暮れだった。ハルさんと手引きとで初めての家に宿を乞うた。土間には刈りとったばかりの稲がいっぱい積まれている。束ねた稲の中に暖かな日の匂いが混じっている。

「一晩泊めてもらえないかネ」

「泊めてもいいども、おまえたちタバコのむか。目のみえる衆はいるのかネ」

「ええ、ハェ。提灯もあります」

「目のみえないもん泊めて火でも出したら大ごとだ。稲いっぱい入ってるすけ、やっぱり泊めらんない」

ハルさんたちは、内心目のみえる人より自分たちの方が注意深く、何度も火の元確かめて間違いはないのにと思いながら、仕方なく隣へ行って宿を頼んだ。夜食を御馳走になり、近所の人たちが大勢寄った所でうたった。

夜更けである。ハルさんたちを泊められないといって断った家が、火事になった。その家のおばあさんが火の残った灰《あく》を投げたのが原因らしい。隣なので、ハルさんたちも夜具と三味線を持って避難した。

火事は一軒をまるまる焼いて鎮火。

「目のみえねえものが火事出すでなく、目のみえるもんが出すのに、あんなにいっぱい言わんだって」

人々は口々に言った。

「バチが当たった」

子供たちは、言いふらしたという。

米沢からの帰りには、強盗に入られそうになったこともある。春から夏、秋と米沢で稼いだ金を、ハルさんたちは身につけていた。

大声を出してハルさんは宿のおかみさんを呼んだ。男はその声に驚いて逃げ、事なきを得たが、あとできくと、金目当ての強盗だった。

「おまえたちを殺す気で来たらしい」

「うちの傷になるすけ、盗人が来たことは黙っていてもらいたい」

翌朝出かける時に釘をさされた。

旅では思いがけないことが、しばしば起きた。

固い実

ハルさんも、いつしか二十歳を迎えようとしていた。目立つ顔立ちではないが、紺絣の下の紅いけだしはなまめかしく、まんじゅう笠の下に見え隠れする頬は、ふっくらとして娘らしい。髪は腰近くまであり、自毛で日本髪を結っている。毎朝その長い髪を櫛でとき、器用にまとめあげる。漆黒の髪と白いうなじは時として色気を感じさせた。

小柄ではあるが、しまった体つきと、固い人柄を見込んで、持ち込まれる縁談もいくつかあった。年季さえ明ければ、結婚することは長岡の瞽女屋で認めてくれたし、親方も、箪笥《たんす》などの家財道具を贈って祝ってくれる。

ハルさん自身は結婚について、どう思っていたのだろうか。

「若い時は、なればなれたがネ……。おらはお嫁なんかなりたくなかった。男の人なんか……。お嫁になっても、どこへ行ったたて、因果が身についてれば同じことだすけ。てまえで唄っていく方が、気が楽だわネ」

幼い頃から人の邪魔にならぬように生きてきたから、結婚など思いも及ばなかった。夜這いに来る男たちをみていて、信じられなくもなっていた。他の瞽女たちが、年季明けで結婚していくのをみても、自分の身に置きかえることは、とうてい出来ない。自分で稼いで、自分で生きていく方が気が楽だ。ハルさんは自立していたといえる。

弟子には結婚をすすめる。独身の竹下玲子さんにも、結婚しろと言い、男の人と出かけると母親のように気にする。

「どこへ行ってた?」

「誰と行った?」

ハル親方としては、弟子の竹下さんに間違いがあってはと気遣っているのだ。

竹下さんは、仕事上男性と一緒のことも多い。

「男ばっかりといっしょなんて」

一人心配する。

「おばあちゃん、何もしませんから」

同行の男性が、ハルさんに許しを乞う。竹下さんがお酒を飲むのも、好きではない。ハルさんには、男への警戒心がある。目がみえないから、人から見られていることが分からない。どこで見られてもいいよう、いつ扉をあけられてもいいように身繕いをきちんとしておかねばならない。その気持ちがこの年になるまで、身ぎれいにさせているのだ。

「固い実を内に抱いている女《ひと》」

竹下さんは、ハルさんをそう呼ぶ。

外に向かって行動したり喋ることをせず、発散させるかわりに、内に向かって思いを溜める。内に秘めたものがエネルギーとなり、軸となって、小林ハルを型づくっているのだ。

若い頃のハルさんは、まじめで男たちが近づこうにも、手も足も出ない存在だった。

瞽女の中にも、身持ちのわるい女はいる。体の弱いサワ親方の休んでいる間、一緒に組んだサヨという目のみえる六つ年上の瞽女も、夜になると消えてしまう。

どこへ行っていたかと聞くと機嫌が悪く、男の噂も絶えないので、見て見ぬふりをしていた。

瞽女には厳しい掟がある。内緒で男が出来ると所ばらい、三味をとりあげ、下着と腰巻きだけにして追放したという。さらに他の親方衆に通知して、二度と瞽女として弟子入り出来ぬよう、仲間外れにした。〃はなれ瞽女〃〃はずれ瞽女〃と呼ばれるのは、そうした女たちである。軽い刑としては、大切な髪の毛を切られた。

ハルさんの時代になると、体罰はなくなり、謝り金をとって、瞽女をやめさせるようになっていた。軽い場合は〃年落とし〃といって、勤めた年数をけずられる。一年、三年、七年、十年などと罪の重さに応じて年数がきまったという。

こともあろうに、身持ちの固いハルさんに嫌疑がふりかかった。

サヨと春まわりを終えた頃から、体に変調があらわれたのだ。持病の頭痛が起きると、吐き気を伴う。お膳の前に坐ると、食べ物の匂いが鼻について、手がつかない。その症状は、〃くせやみ〃と呼ばれるつわりとそっくりである。

ハルさんは、身に憶えのない疑いをかけられた。

「身持ち（妊娠）なんではないか」

サワ親方ですら、心配そうに言う。

「おらに正直に話せ。長岡に知れると、同じこと聞かれるから、今のうちにほんとうのこと言ってくれ。生まれた子はうちで預かってもいい」

いくらいわれても、話すことはなにもない。なにもしていないと答えるより仕方がない。証明するには、医者の診察をあおぐしかなく、産婦人科へ行ってようやく疑いは晴れた。その年の妙音講に、長岡へ出かけた際にも同じ症状が出た。山本ゴイじきじきに問いつめられる。

なんといわれても、ハルさんの答えは同じだ。もう一度長岡の産婦人科へ連れて行かれて、もちろん白。医者が嘘を言っているのではと瞽女仲間は、かまびすしい。ついにみんなが信心している妙見様におうかがいを立てさせられる。

「この人はそんなことをする人でない。この人をいじめるとバチがあたるゾ」

神様のお告げだから、以来何も言われなくなった。

強　情

「頭が悪うて、ちょっこら休んでいた」

ハルさんが、仕事をしばらく休んだのは、この時期のことである。

「小さい時にいじめられたので、頭分からなくなった」

山田シズコさんによれば、その後もハルさんは、頭が痛《や》めて、しばらくぼうとして、記憶のとぎれることがあったという。

「またあねさ、始まったナ」

そのつど、まわりの人たちは心配した。

ハルさんの病気が何だったのか、優婆《うば》様という民間信仰に頼り、医者にかかりもしたが、いっこうにはかばかしくない。

具合のいい時には、サヨと組んで旅に出るが、自分のことは棚に上げて、サヨはハルさんをいじめる。

「下方のあまり瞽女！　はなれ瞽女のチヨノ！」

サヨはエキセントリックな性格で一緒にまわりたくはなかったが、サワ親方の頼みでは文句はいえない。ハルさんは、決められたことには決していやということがない。

〝胎内やすらぎの家〟でも、時折組み替えがあり、二人一室の相手が替わる。誰それはいやだとか、一緒にいられないという人の多い中で、ハルさんはなにも言わない。

「いい人と歩けば祭り、悪い人と歩けば修業」

誰と一緒でも自分の運命として甘受し、そこで自分の人生を見出す。健気《けなげ》というか、忍耐強いというのか、これでもかこれでもかと、自分を試しているようにみえる。どんな場面に出会おうと、自分をきたえるための修業と受けとっているのだ。

サヨとの旅は、さらに苛酷な試練を、強いる結果となった。門付けの最中に、ハルさんは小さな堀に落ちてしまった。たいして濡れもしなかったが、通りがかりの人が目のみえるサヨに、もっと気をつけてやれといったのが気に入らなかったらしい。村外れの人のいない所までくると、突然こづかれ、杖でさんざんに太腿《ふともも》の間を突かれた。杖の先にはとがった金属がついていたからたまらない。

筆舌につくしがたい痛みと同時に、血がしたたり落ちた。とりあえず血止めのまじないをして患部に手ぬぐいを当て、這うようにして医者に行く。

「どうした？」

きかれても、サヨの手前、ほんとうのことは言えない。言えば後でどんな仕返しが待っているかわからない。

「ころんで、木の根に引っかかった」

「そんなことで出来る傷ではないワ」

医者は首をかしげる。

それでも木の根だと言い張った。実に強情である。人の悪事ですら、自分が悪かったことにしてしまう。

「もともとは、おらが堀に落ちたのが悪いんだ」

決して相手に向かっていかないのが、ハルさんの処世術だが、そのために様々な困難に遭うことになる。

「自分さえ正しければ、誰かがどこかで必ずみていてくれる、神様はお見通しだ」

神様とは、亡き父であり、母であった。

万一、杖で突つかれてけがをしたと言えば、警察沙汰になるかもしれない。自分さえ黙っていればそれですむ。

けがをさせられながらも、翌日もまたサヨと門付けをしなければならない。どんなに辛くとも一緒に歩くのが瞽女の宿命、目のみえないハルさんは、目のみえるサヨと別れて旅は出来ない。

場所が場所だけに、少し歩くと痛みは激しい。唄うと下腹に力が入ってまた痛む。痛み止めは医者にもらったが、なかなか痛みは去らない。

サワ親方に報告する時にも、堀に落ちて、そのあと木の根でけがをしたとしか、言わなかった。ハルさんは先の先まで見越している。

自分が一言いうことで何が起きるか。まわりまわって自分がなんと言われるか。自分だけが黙っていればすむことなのだ。口惜しいことも辛いことも、放出せずに自分の中だけで消化する。

「もっと気いつけて歩け、バカが何してる」

結局何も知らないサワ親方に、ハルさんが叱られる破目になった。直接の弟子ではないサヨには、なんのおとがめもなし。

「転んで出来る傷じゃない。大事な所をひどいけがをして、いったい何をした」

サワ親方が連れて行ってくれた、長岡の医者も首をかしげる。

「ほんとうのこと言ったらええ」

親方も口をそえる。

それでも「転んだ」と言い通した。この時のけがで、ハルさんは一生治らぬ傷を負うことになった。

サワ親方が亡くなったのは、それから二年後である。病弱で、旅に出ないことが多く、ハルさんが他の組の人と一緒に歩いて稼ぎを届けていた。

旅の途中、虫のしらせかハルさんの持病がひどくなり、実家にもどるとサワ親方の病状が急変したという。駆けつけた時にはかろうじて意識はあったが、寝たきりで間もなく亡くなった。享年三十八歳の若さだった。大正十年六月、二十一歳でハルさんは二番目の師匠とも別れねばならなかった。よくしてくれた人だけに悲しみも深く、しばらくは食事ものどを通らなかった。

独立

サワ親方が亡くなって、ハルさんは長岡組をやめることになった。ふつう親方が亡くなると、姉弟子が親方になるのだが、サワ親方の弟子は、ハルさん一人。姉弟子はいない。サワ親方の上に久住ユキという大親方がいるにはいるが、高齢でもあり、ハルさんがそこに師事するわけにはいかない。

ハルさんにも妹弟子のようにしていたヨシが居て、その面倒もみなければならないから、円満に話し合って長岡組系の中条組をやめることになった。

ヨシは全盲であり、二人だけで歩くわけにはいかない。誘われるまま元新津組にいた坂井ツルの弟子になる。ハルさんにとって三番目の師匠である。ツル親方とは、最初の師匠樋口フジの所にいた時、一緒に歩いたこともあり、気心が知れている。

親方ではあるが、年季も決めず、ハルさんのいいようにいてくれればという条件なので、引き受けることにした。

これを機にハルさんは、実家を離れることになる。ツル親方ともども、小須戸《こすど》に家を借りて住むことにしたのだ。お金は半々。旅が終わると必ず帰っていた実家を離れ、独り立ちすべく第一歩を踏み出した。

小須戸では、ハルさんと妹弟子のヨシ、ツル親方とその弟子のナカの四人の共同生活であった。

ナカはツルと合わないこともあって、ハルさんの弟子になりたいと言う。それならいっそナカをハルさんの弟子にして、そのかわりハルさんがナカの残りの年季十三年を、ツル親方に勤めるということで、話し合いがついた。

二十三歳の年から、ツル、ハル、ナカで米沢へ出かけ、ツルが外に出たがらなくなってからは、事実上ハルさんが親方になって、旅は続けられた。

ツル親方の弟子になってまもなく、ハルさんは、三味線を紙張りから、皮張りに変えている。弟子もいることだし、一人前なのだからとツル親方にいわれたからだ。

皮張り三味線に、べっこうの撥。丸髷《まるまげ》を結ってべっこうのかんざしをさし、模様のある着物を着る。皮張りの三味線は、紙張りとちがって音が響く。名実ともに、ハルさんは、一人前の瞽女としての道を歩みはじめていた。

もはや親方や姉弟子にいじめられることはない。自分の思うように弟子を連れ歩くことも出来る。

「おらが親方になったら、風呂にも入れるし、食べたいものも食べさせる」

そう言って親方の怒りを買ったことがあるが、その時期が来ていた。責任は重い。幼い子や弟子の面倒や教育は、ハルさんの肩にかかってくる。

「おら、いじめられていじめられて育ったから、自分の弟子や子供には、辛くあたらぬようにした。同じ唄うたえといっても、親方と同じに唄わんないのが当たりまえ。唄わんないからといって、食事を食べさせないとか、はたくとかいうことはしない」

だから弟子に慕われる。ツル親方の弟子のナカでさえ弟子になりたがったのだ。自分が辛い思いをした分、弟子は大事にしようと、ハルさんは心の中で決めていた。

宿を探す時も、弟子にはさせず、自分が見つける。一緒に泊まれるのが理想だが、出来ない時は、子供たちを一番いい所に頼んで、自分は別の宿を探す。

下田村のはじめての宿で、ハルさんが一人泊まりをした時のことだ。奥さん一人の家と思って泊まったところが、夜中に手がのびてきて、それが男の手だったのでびっくり。女のような細い声と喋り方で、女だと思いこんでいたのだ。

「大きな声を出すゾ」

ハルさんが気強く言うと、

「それだけはやめてくれ」

女のような優しい声で言う。結局主人が近くの親類へ泊まりに行き、ハルさんは無事だった。目がみえないための失敗だったが、弟子の手前も考え、ハルさんは後ろ指をさされることのないよう、いっそう身持ちに気をつけるようになった。

雪の中で立ち往生した時も、弟子の身が心配だった。冬場は近在をまわっているのだが、豪雪地帯のこと、降りはじめるとあっという間に積もってしまう。天候には気をつけても、村落から村落へ峠一つ越すと、微妙にちがっている。

道はまたたくまに白く埋まり、たえまなく空から降ってくるものがある。助けを求めるにも昼の時間なのに人っこ一人通らない。風はひゅうひゅうと音をたて、まんじゅう笠を揺すっていく。いたずらに動いては道を見失う。

ハルさんと弟子と手引きは三人身を寄せ合って、吹雪の中に立ちつくした。わら沓《ぐつ》は濡れ、底から冷えてくる。弟子と手引きは、寒さと心細さでふるえている。こんな所で行き倒れてはと思うが、目のみえないハルさんには、なすすべがない。

話し声が聞こえた。三人の男が通りがかって、カンジキで道を踏み固め、後をついてこいという。遅れながら必死の思いで次の村落まで辿りつくことが出来た。

いろりの火の暖かさと、人の情ほど嬉しいものはない。お礼に座敷でうたう唄にも自然と力が入る。

終われば、お茶に夜食、涙が出るほど嬉しかった。

瞽女宿

瞽女宿に着いて、瞽女たちはどうやって唄ったのか。人々はどう反応したのか。この目で確かめたくて〝胎内やすらぎの家〟の当時の伊藤辰雄施設長にお願いして、瞽女宿を再現することが出来た。

親方が小林ハル、弟子格が高田瞽女の杉本シズ、手引き兼司会役として、唄もうたうのが竹下玲子の三人である。

ハルさんも東京に出かけたり、新潟や新発田《しばた》の会場で、竹下さんと一緒に唄ったりしたこともあるが、年齢を考えてほとんど遠出はしなくなっている。

ハルさんは車に酔う。ひどい時は吐き気をもよおす。酔いどめの薬は養命酒。車に乗る前にのんでおくときくのだそうだ。

平成元年九月二十五日、午後二時に〝胎内やすらぎの家〟をバスで出発して、黒川村で瞽女宿をしたことのある大沼家に着いた。所要時間十分、ハルさんに負担もかかるまい。

大沼家は格式のある旧家である。黒川村でも昨今めっきり古い家が減ったが、明治十八年、自分の山の木を使って二年がかりで建てた家は見事なものだ。入り口に作業場でもあった土間があり、奥に台所。いろりのあった茶の間の隣が座敷。黒光りする檜の一枚戸をあけると、廊下をはさんで庭が見える。

私たちが到着すると、噂を聞いた近隣の人々が、座敷につめかけていた。瞽女をなつかしむお年寄りたちだ。

床の間には鶴の掛け軸。ほてい様と石の置き物がある。

ハルさんがバスを降りると、カメラがまわり始めた。新潟放送が取材に来ているのだ。手をとろうとしたが、杖を頼りにすたすたとハルさんは歩いていく。馴れた道だという風に。門口で丁重に大沼家の当主とあいさつをかわす。

「春の祭りに、ごぜさよく来たわネ。三人か四人で、女の子連れて来たのはたしかこの人でねかったかネ」

八十六歳だというおばあさんが呟く。

この家は、ハルさんが訪れた頃と、造りは変わっていない。

三十人ほどの聴衆を前に「瞽女唄を聞く会」現代版瞽女宿が始まった。

施設長のあいさつのあと、竹下さんにバトンタッチ。座敷の床の間を背に、真ん中にハルさん、右がシズさん、左が竹下さん。ハルさんは枯れ葉色の単衣に黄色の帯。シズさんはグレーの着物に紅い帯で娘のように若々しい。

一人前になってからのハルさんは、道中の着物とは別に、宿に上がった時に着がえる座敷着をいつも持ち歩いたものだという。

一筋の乱れもなく結い上げた日本髪に、べっこうの櫛をさした若い頃のハルさんの姿がほうふつとする。そして目の前の白髪のハルさんに重なっていく……。

演目は最初に「瞽女松坂」、杉本シズさんが唄う。次いで段物の「石童丸《いしどうまる》」。ハルさんと竹下さんのかけ合いである。ハルさんの負担を少なくするためだ。シズさんは親方のキクイさんが優しくて教えなかったせいか、「葛の葉子別れ」しか段物は憶えていない。ハルさんの顔が紅潮する。客の前で一声発したら普段とはがらりと変わる。プロとはそういうものだ。

石童丸が母と共に高野山を訪ねる段を、二人の声が交互に響く。〝胎内やすらぎの家〟できいた時より声は小さめだが、マイクなど必要なく、廊下や開け放した戸の向こうの茶の間や土間、隅々の人にもよくきこえる。

一度歌詞につまりかけたが、あとはとうとうと独特のハル節が続く。親子の名のりの出来ない父の苦しみ、父をしたう石童丸……方々で鼻をすする音や嗚咽《おえつ》がきこえた。私もつられて涙をぬぐった。

「……さてもこれにて段の切り」

全段は何時間もかかるので残念ながら一段だけで終わった。こうやって興味をつなげ、次の日に続きの段を語ったのだろう。

口伝えで憶えるのだから、大筋は変わらないが、人それぞれの創作やアドリブも加わったにちがいない。

休憩が入ってお茶とせんべいが出される。

三番目の演《だ》し物はシズさんの「高田スキー節」。「リャンとリャンリャン」とか「ツッツラッツー」という合いの手は、母が唄っているのを聞いて私も知っている。後方で合いの手の合唱がはじまる。

最後が瞽女万歳。ハルさん・竹下さんの太夫と才蔵のかけ合いがユーモラスで楽しい。笑い声に合わせるように、古い柱時計が四時を打った。

アンコールは全員で佐渡おけさ。

「ござさ来なければ唄きかんなかった」

「大きな笠をかぶってネ、唄きくと涙でたワ」

久しぶりに聞いた瞽女唄にみな昔をだぶらせている。大沼家には唄を通して同じ時間を共有し、心を通わせあった人々がいる。

ハルさんとシズさんがテレビ局のインタビューに答えている。短く的《まと》を射た応対の見事さ、プロのすごさを垣間見た気がした。

「もう声なんて出ないわネ、来年になったら三味線もひかれねェ」

帰りのバスの中で、ハルさんは呟いた。「石童丸」でつっかえたのが、気になっているのだ。プロとして許せない思いがあるのだろう。体力の衰えと共に、年には勝てないとハルさんは思い始めている。

「瞽女と鶏は死ぬまで唄わねばならない」

唄わなくなったら、ハルさんは急速に弱るのではと、不安に襲われた。

小国巡り

ハルさんは、新潟放送の番組で、かつて歩いた道を辿り瞽女宿を再訪したことがある。よく通った小国《おぐに》地方である。小国という地名は、新潟県の小千谷《おぢや》の奥にもあるが、ハルさんの馴染みは、山形県の小国である。

今は道も良く、〝胎内やすらぎの家〟から車で一時間足らずで着いてしまうが、当時は県境の峠を越していったのだ。

私たちは午前九時、〝胎内やすらぎの家〟の近くにある胎内パークホテルを出発した。

竹下さんと一緒にハルさんの足跡を辿るためだ。

胎内川を見下ろすパークホテルは、白い清潔なホテルである。こんなところにずい分洗練されたホテルがあるものだと驚いたが、黒川村の伊藤村長の発案で造られた村営ホテルだという。従業員も全員地方公務員である。川に突き出た露天風呂のあるこのホテルが好きで、私は春夏秋冬、取材の折には泊まっていた。

五月十四日、妙音講の翌日は、からりと晴れ上がった。したたる緑に目を洗われながら、川沿いに道をのぼる。舗装が行きとどいて、ハルさんの辿った道は面影もない。

国道をそれ、車一台がやっとという狭い脇道に入ると、新築の家があった。ハルさんがテレビ取材の折訪れた家だというので、案内を乞うた。

子供をあやしながら出てきた若い嫁は、私たちの話を聞いても、なんのことだか分からない。

「おばあちゃんいれば、分かるかもしれないけど今、山に行っているから」

それはそうだろう。二十代では、瞽女という言葉すら知らないだろうから。

この村落は何軒かあってそこからどの位歩けば次の村落へ着けるとハルさんは、憶えている。せせらぎのそばに、忘れな草が小さな花をつけていた。

車に乗ってしばらく行くと、昔のままの古い造りの家が残っていた。ここもハルさんが訪れた家だという。

声をかけると、いろり端に坐ったおばあさんが返事をした。背は少しかがんでいるが、大柄で骨格がしっかりした女性だ。年は九十歳。

以前はこのあたりの庄屋で郵便局も営み、小作が十五軒ぐらいあったという。すすめられるまま、いろり端に坐ると、菓子が出る。茶が出る。客が来れば、だれかれとなくもてなした名残だろう。越中富山の薬売りは、毎年訪れたというが、瞽女たちも新潟から峠をこえてやって来た。

山形県西置賜《にしおきたま》郡下新田、新潟側から県境のトンネルを越えると山形県になる。ハルさんたちは山道を歩いて来た。いろり端へ坐って私たちと同じように茶や菓子を馳走になったろう。

「新潟弁でやさしい言葉つかって来たもんだ。楽しみで楽しみで。じいさん喜んで十一時頃まで唄ってもらったネ」

庄屋だったというから、ハルさんたちはこの家に泊まり、近所の人々が集まって唄をきいたにちがいない。昼は門付け、夜は「葛の葉子別れ」を唄った。夜更けには、若者がのりこんで来て、夜這いをしかけたこともある。一晩泊まると朝早く次の村へ出かけていく。瞽女たちはわらじをはき脚絆《きゃはん》をまいて、三味と荷を背負って歩くのが大儀そうだった。

栗をふんでけがをした瞽女、吹雪の中でやっと辿りついた瞽女、おばあさんの記憶はあちこちへ飛ぶ。

夫は九十六歳で亡くなったというが、家つき娘で婿とりのおばあさんは、十七で結婚し、子供六人、孫十五人、曾孫が十三人、今もかくしゃくとしている。

山吹がたわわに花をつけ、田んぼでは蛙の声がした。

車にもどり、山道をまわって、山懐に入っていく。

このあたりは、まだ葛屋《くずや》が多い。小川にかかった橋を渡る。昔は丸木橋で、子供をおんぶして渡ったものだという。

山菜採りの子供たちとすれちがった。わらび園があるらしい。山を焼き、わらびを出やすくし、綱を張って無断で入れなくしてある。

渓流釣りに行くのか、釣竿を手にした男が二人歩いていく。国有林の深々とした緑が蒼空をさえぎっている。

小さな分校があった。子供の姿がみえないのは、統廃合で通う生徒がいなくなったのだろう。

「ごぜさの竹下でーす」

竹下さんの声は、大きくて元気だ。ハルさんの歩いた後を、時々晴眼の竹下さんが訪れて、唄をきかせているのだ。

最初、この山里にきて、道傍に立ったとき声をかけられた。

「おめさ、ごぜさか《ネ》」

竹下さんはその時なんともいえず感動した。

「ごぜさま、おらの願いをきいてくれますか《ネ》、『祭文《さいもん》松坂』唄ってくだせえ」

村の人々は、ごぜさの訪れを首を長くして待っていた。テレビが出来、娯楽が増えても、決してごぜさを忘れてはいない。竹下さんはこの地の人々と旧知の間柄になった。

瞽女たちは見知らぬ土地に出かけることも多く、初めての宿にも泊まるから、社交術にたけている。ハルさんもふだんは無口でよけいなことは言わないが、私たちには気をそらさぬよう忠実に質問に答えようとする。竹下さんは現代の女性だが、人見知りせず、はじめての人の中にとけこめる才能を持っている。ハルさんの弟子としてはピッタリである。

渡辺正義さんとチエさん夫婦におばあちゃんと子供三人。竹下さんは小玉川《こたまがわ》にあるこの家に何度も泊まって瞽女宿を開いている。

山を背に、沢の音をききながら石段を登り切った所にある渡辺家は、高い屋根に太い柱の堂々たる田舎家である。十二畳はあるいろりにつづく座敷を開け放して、瞽女宿を開くのだ。いろりの上には四角い木の枠があり、ぜんまいが干してある。五月とはいえ肌寒く、いろりには火が燃え、ストーブも入っている。

マタギの里といわれ、五月になると冬眠明けの熊をとり、熊まつりも行われたという土地柄。熊をとるのも共同作業でとり分は平等である。農業が主になってからは何軒かでわらび園を経営している。

「畑にいたら、来い来いっていうから来た」

裏のうちの年寄りと夫婦がやって来た。山でこごみ採りをしていたという。自然と共に生きる人々だ。ハルさんのことを憶えているかどうかを聞いてみた。

「テレビに出ているの見てすぐ分かった。会いたいネ」

「若い頃も立派だったョ。あの人だけ膝をくずさない。きちんと坐って唄う。若いもんは足くずしたり、寝たりしていたども」

「今度何うたってくれっていうと、鴨緑江節など流行り節でも何でも唄った。浄瑠璃みたいなのはハルさんだけしか唄わなかったが」

「都々逸《どどいつ》やれという衆もあって、あの家ではどのリクエストか考えながら歩いて来たもんだ」

「ござさ来るのは楽しみだった。世間話もしたョ。発《た》つ時は発つ唄。泊まったお礼の唄うたってネ」

「おらもハルさんようく憶えてる。子供おんぶして来た年もあったネ。子供ハシカで亡くなったそうだ」

話は限りなくつづく。人々の記憶の中に、ごぜさは新しい。瞽女は人々のリクエストには何でも応えた。応えられないのはプロとして恥だったのだ。はっきりとハルさんの名や顔を憶えている人々に私は出会うことが出来たのだった。

明治の女

裏の家の〝ばっちゃ〟、米野こよさんの年齢をきいて驚いた。ハルさんより二つ上で当時九十二歳。小柄で娘のような女《ひと》である。顔はつややかで、頬は赤味を帯び、笑うと愛らしい。腰も全く曲がってはいないが、手にはしっかりと年輪が刻まれている。医者の薬は飲んだことがなく、無病息災だという。

「山さいくといくらでも歩かれる。速くてついていけねェと若い人にいわれる」

山菜採りはお手のもの、採って来たばかりのこごみが、ザルに山盛りになっている。

「嫁この辛い話したベナ」

こよさんの目は、遠い日を見ている。ハルさんとほぼ同世代だから、お互いの話もしあったろう。二十歳でお嫁に来た時は、大姑小姑がいて苦労がたえなかった。

「辛い時もあったども、辛いといって泣いてらんないから、辛いのは自分のいたらないところだと、自分に言いきかせて我慢してた。その頃の嫁こはたいへんだった。いまの嫁こなんて話にならねえネ」

日の出と共に仕事を始め、鍬や鎌を持って山仕事。何度も逃げ出したくなった。体も丈夫でなかったから、よけい辛くあたられる。主人は優しいところもあったが、女は労働力であり、泣き泣きつとめる毎日だった。

「ごぜさ目がみえない。まだ私の方がいいと思ったべナ」

唄が終わって、深夜にこよさんの話を聞くハル親方は、年下とは思えないほど貫禄があった。弟子には優しく立派な人だったという。

昔の嫁たちは、時折訪れてくるごぜさに、話を聞いてもらうのを慰めにしていた。目のみえない、自分より不幸な人々が懸命に生きる姿を見て、自らを力づけたのだ。

女たちは、辛さを自分の鞭として、磨きをかけた。

「辛いのは自分のいたらないせいと言いきかせた」

というのはまさにそのことだ。

辛ければ辛いほど、バネにして自分を鍛える。愚痴にはならず、内に秘めたエネルギーになる。明治の女たちの話に、突きぬけた明るさを感じるのは、そのせいなのだ。女たちの力は、マイナスをプラスに転化させる。

私は福井県敦賀に残る産屋《うぶや》を訪ねた時を想い出す。嫁たちが子供を産む時に、血の汚れがあるとの理由で、一ヵ所に集められた場所だ。

悲惨な状況だったろうと想像しながら、産屋の経験をもつ土地のおばあさんに、話をきいて驚いた。

「産屋ほど楽しいものはなかったよ」

産前産後の何日間か、家から隔離されて、同じ年頃の嫁が集められる。うるさい姑はいず、辛い労働を強いられることもない。食事も届けてもらえる。大きなお腹をかかえた嫁たちは、お互いに話をきき合い連帯感を強めた。

もとはといえば隔離するためのものだった産屋を、女たちは楽しく明るいものに変えてしまった。そのエネルギーに脱帽する。

私が一番知りたいのは、その基《もと》にあるのは何かということだ。

瞽女たちは、嫁から聞いた言葉や、人の噂話を、よそへ行って話すことはしなかった。人家々をまわって泊まり、旅をしていく瞽女にとって、不文律といっていいものだった。人から聞いた話をよそですれば、すぐ伝わってしまう。噂話に尾ひれがつき、いさかいのもとになる。

「喋ったのはごぜさだ」

ということになれば、お客を失い泊めてもらう宿を失うことになる。誰もいない山中や、瞽女仲間ではいろいろ喋ったろうが、他人に向かっては口は固い。

「一般に巡業地域にかかわる噂話をふれ歩くことは禁じられていた。話題によっては地域に混乱をもたらし、瞽女自体にも迷惑が及びかねない。杉本キクイ・小林ハルは、客筋の噂や、昔話を含め世間話はしないものにしていたと語る」

『瞽女の民俗』の中で、佐久間惇一氏は、瞽女のきまりの一つに、噂話の禁止があったと書いている。

あたりさわりのないニュースや、旅の途中で見聞きした変わったこと面白いことなどは、積極的に話した。情報の提供者としての役割は果たしていたが、余分なことは決して言わなかったものだという。

泊まった家で聞いた話を、自分の胸に収めて、ハルさんは次の地へと旅立っていった。

化けもの峠

私たちは、ハルさんが「化けもの峠」と呼ぶ樽口峠《たるぐちとうげ》にさしかかっていた。車がかろうじて通れる砂利道だが、当時は道はなく、瞽女たちは、一度谷あいへ降り、又峰をのぼって峠を越した。

「化けもの峠」とは、化けものの出るような淋しい峠という意味だ。いまでもわらびやウドなど山菜採りの車が時折通るだけ、あとは自然の中にもどる。

米沢へ向かうハルさんたちが越さねばならぬ最大の難関、樽口峠は目前に迫っている。腹這いになってやっと通ったという峠の道を、私たちも車を降りて、徒歩でゆくことにした。

山椿が咲いている。谷川のせせらぎが、のぼってくる。深い谷あいの水はみえない。藪の中で鶯《うぐいす》が鳴く。谷へ降り、急な山道をのぼり、何を考えながらハルさんは歩いたのだろう。

「なあに次の村の衆が待っててくれるもの、それがはげみだった」

私の問いにハルさんは答えた。

険しくても、山道は好きだ。人の見る目はないし、子供に石をぶつけられることもない。のびのびと自然の匂いを嗅ぎ、沢の水に手を浸す。

「あ、ウドがあったァ」

竹下さんが、声を張りあげる。青空に向かってその声が威勢よくのぼっていく。目をこらすと、山肌のあちこちに、ウドが群生している。竹下さんが摘み始めた。

「秋なんかネ、木の実がなって、アケビとったり、山ぶどうとって歩くんだ。大きなアケビあってネ『ここになってるよ』って、ばあちゃんにもがせるんだ」

ハルさんと何度も米沢へ同行した山田シズコさんの話だ。手引きをしながら、ハル親方の手をとり、峠近くで生《な》りものをとらせたという。ハルさんは虫を恐がって、自分から木に近づかない。虫やかぶれに弱く、すぐ皮膚がはれ上がるからだ。心を許しあった瞽女の師弟の旅は楽しかった。

風が唸る。谷底から上った冷たい風が、山をめぐって顔面に吹きつける。

正面に雪をいただく白い峰々が、屏風のように立ちはだかった。門内岳《もんないだけ》、頼母木《たもぎ》山……飯豊《いいで》連峰の壮厳な大パノラマが目前に広がる。息をのんだ。なんという気高さ、神々《こうごう》しさだろう。

峠に立つと風は強く、空気も違う。「樽口峠」の木の標識。ハルさんのいう「化けもの峠」である。

テレビの撮影のためここを訪れた時、ハルさんは杖を頼りに一人で歩いたという。何度も通い馴れた道は、頭の中にたたきこまれている。

峠に着いたことをハルさんは、風向きで知った。

「一度でいい、こんな景色をおばあちゃんにみせてあげたい」

竹下さんが呟く。私とて同感だ。この厳粛な光景を見たら、どんなにか感動するだろう。ハルさんはハルさんなりに風で山を感じ、匂いで花を見、自分だけの風景を描くことが出来たのだろうか。

峠を越すと、下方にダムが見えた。白い山々の裾野に村落がある。山あいの耕された田、目の前の小さな山は、わらび園だ。

「小玉川わらび園」は、まだ時期が早いのか、人影もなくわらびも見つからない。ごつごつした岩山は、わらびくらいしか出来ない貧乏山だ。気候は厳しく、木は大きくは育たない。

「もっと歩きたい」

テレビの撮影が終わった時、ハルさんは竹下さんに言ったという。ニコニコしていい顔だった。ほんとうに山が好きなのだ。

険しい雪山の彼方は〝胎内やすらぎの家〟のある新潟県の黒川村になる。私たちは一休みして、お昼を食べることにした。

近くに温泉があるという。ハルさんも温泉が好き。峠を越え足どりも軽く下っていったにちがいない。

「泡の湯三好荘」は、岩魚《いわな》のとれる清流沿いにある。昼食は岩魚の刺し身、しどけ、ウドなど山菜の天ぷら。竹下さんと私は、手拭いを借りて泡の湯に入った。泡立った熱い湯が小さな湯舟にあふれる。

「おばあちゃんは、ぬるい湯が好きでネ」

一緒に温泉にも入ったことのある竹下さんが言う。

「日頃はなにも言わないけど、けっこう味もうるさくてネ、あそこの豆腐はうまいと教えてくれるのョ」

マタギの里、小玉川の泡の湯温泉は、ハルさんの頃とあまり変わってはいない。

山里は、のどかで美しい。山には残雪、川を雪どけ水が下っていく。ふき山たばかりの浅い緑。かたくりの花、苗代の苗は小さく田植えは先だ。

バス停の時刻をみる。一日に二本。瞽女はこうした道を一日に十里、四十キロ近くも歩いた。足は丈夫でめったなことでは転ばない。一本道は迷うこともなく、出発前に聞いた道を辿っていく。

小玉川宝泉寺……曹洞宗永平寺派に属する四百年の歴史をもつ大きな寺だ。この寺も瞽女の興行の場になった。住職はわらび採りで留守、若い奥さんは、瞽女のことは噂でしか知らない。

寺は学問の場であり、祭りの場であった。瞽女も自炊しながら逗留することがあったろう。米沢藩の狩り場であり、米沢街道へぬける要衝でもあった小玉川は、越後から米沢へ旅する瞽女の道でもあった。

養女の死

二十六歳の年、ハルさんは、一間を借りて暮らしていた小須戸で、二歳の女の子をもらった。名をヨシミという。母は出産百日目に死亡、養女先にも子供が出来ていらない子といわれていた。自分の養女として育て、将来は手引きにしてもいい。ハルさんは、目のみえるこの子を学校に行かせ、目のみえる人と同じ生活をさせたいと思った。ハルさん自身の願望でもある。目がみえずとも、なぜ普通の人と同じく教育を受けられないのか、自分は子供を産めないが、愛情をそそぐ対象が欲しい。

「自分の孫だと思って面倒をみる」

親方のツルも言い、ハルさんの仕事中はツル親方が面倒をみてくれることになった。

「あーちゃん、あーちゃん」

少し知恵遅れではあったが、ヨシミはハルさんになついて、夜も出ないおっぱいを吸って寝た。胸をまさぐる幼い手は甘く快い。男には固く身を守ってきたが、ゆさぶられる思いがあった。

瞽女は男を持つことを禁じられる。女ばかりの中で女同士の愛情が芽生えても不思議はない。いじめもある反面、同性愛は存在しなかったろうか。

二番目の師匠、サワにはその傾向があったというが、親方と弟子の間では断りにくいこともあったろう。宿がなければ抱き合って寝ることも、ふとん一つに二、三人がくるまることもあり、自然に肌と肌のふれあいから芽生えるものがある。ハルさんはどうやって、身を守ったのだろうか。

ツル親方も子供が無いから、泣かれるとあやし方を知らない。

「おまえの母さんは泣くと帰ってこない」と言って、ますます泣かれてしまう。

子供のいる生活は張りがあり、大人の気持ちを和らげる。旅にもヨシミを連れて行きハルさんが外で稼ぐ間は、宿でツルが守りをする。

宿から宿へはヨシミをおんぶし、新しい肌着や着物は、母に教わった腕で縫い、ほんとうの親子のようであった。

宿でも、子連れのハルさんは評判だ。唄う間もそばで寝たり遊んだり、みようみまねで唄ったり踊ったりすると、可愛いと客も大喜び。ハルさんにも生きる望みが出来た。

小国でも小さな子をおぶったハルさんを憶えている。米沢の人々は瞽女を大事にするので定宿もあり、一緒に泊まることが出来た。

ヨシミは順調に成長し、四歳の可愛いさかりだった。春浅い三月、加茂で熱を出し、風邪らしいので医者にみせ、薬をのんで一度はよくなった。次の日おんぶして門付けするうちぐったりしたので、ツル親方に頼んだが、風邪の面倒はみられないといわれてつれ歩いた。そのせいか肺炎を引きおこし、入院して二日目に息を引きとった。最後まで「あーちゃん」といって胸に抱かれ、水をのませてもらい、ハルさんだけを頼って死んでいった。

亡骸をヨシミの実家にもどし、新しい着物と肌着を着せて葬儀を営む。ハルさんは、最愛のものを失ったのだ。父、母、サワ親方と何人かに別れてきたが、自分から愛情を注いだものの死は、どんなにかショックだったろう。

自分を殺して生きてきたのが、愛する対象を得て、外に向かって自分を表現する人生に変われるかもしれなかった矢先に、希望は摘みとられてしまった。一年以上の間がっかりして唄もうたいたくなかった。

「あの子はどうした」

次の年、米沢の人々にきかれるのが身を切られるように辛かった。食事ものどを通らず、泣いてばかりいた。宿で子供の声がするともういけない。「あーちゃん」というヨシミの声を、乳をまさぐるふっくらした手を思い出しては涙にくれた。

「私の体さえ満足なら、ヨシミだって生まれかわってくるかもわからない。相手を見つけて、一人くらい自分のほんとうの子どもがほしかった。そんなことを今まで思ってもみなかったが、ヨシミが死んだ時だけはそう思いおもいした」

桐生清次著『次の世は虫になっても—最後の瞽女　小林ハル口伝—』で、ハルさんはそう述べている。

その後十五歳の和田シカノ、十三歳の石本ハル子を弟子に、二十六歳のテルヨを年季なしの弟子にと頼まれる。ハルさんもヨシミを失った悲しみにばかり浸っていられない。旅に行かないツル親方にかわって、責任者として弟子を連れてゆく。そのつど、稼ぎの人数分の一は実家にもどっている親方に届ける。

ある日、親方から、来る時は一人で来てくれと注文がついた。家の代が替わり、嫁が若い瞽女が一緒に泊まるのをいやがるという。ハルさんは目がみえないから一人では行けない。稼ぎを取りに来て欲しいというと、それは出来ないといわれ、これ以上ツル親方とは一緒にいられないと覚る。

自分一人ならともかく弟子への責任もあり、悪いと思うが、荷物を引きとって、ツル親方の家に行かないと決めた。一生勤めるつもりが、三度目はハルさんの方から別れる破目になった。

「瞽女は子供を持てない者だから、師匠は親、弟子は一生の子供だ。子が親をぶっちゃる（捨てる）ことはしてはならね。サワさんは死に別れだども、キイ（本名ツル）さんには一生勤めるつもりだったども、『子供を連れてくるな』といわれては仕方ない。泣く泣く師匠を投げた」

『瞽女の民俗』でその時の心境を語っている。

その後も、ツル親方が病気ときくと、見舞金や積み立てをした金を届ける、病気で親方は亡くなった。

ハルさんは、小須戸の家を引きあげて、三貫地の実家にもどった。孫爺様はまだ元気だし、実家にお金も入れている。しばらくの間そこで、弟子たちに稽古をつけた。

米沢歩き

ハルさんがヨシミを連れて訪れた定宿のある米沢、瞽女たちが「あそこはいい」と異口同音にいう米沢とはどんなところか。私たちは小国からさらに足をのばして米沢まで、旧道を通ってハルさんの足跡を追った。

越後から米沢までは、現在小国を通り旧越後街道が走っている。難所とされた峠は、トンネルであっというまに通過する。車を降り、トンネルの傍らをめぐる旧道に入った。沢の音が激しい。

「サワサワいう音聞くとおっかねェ」

ハルさんもいう旧街道の難所、通称片洞門。人一人歩ける細い道の片側は崖で急流がくだける。一方は高い岩山。岩をくりぬいて観音像が祭られている。岩をおおう緑を伝って水が落ち、小さな観音様には一円玉が供えられている。一歩間違えば川に落ちる。旅人はここで旅の安全を祈願した。私も十円玉を供えて手を合わせた。

沢は左右に分かれ、離れたと思うと又出会う。弁当沢のあたりは、冬場雪が三、四メートル積もる豪雪地帯。雪崩《なだれ》よけが山際に続く。

再び車にのると上り下りが激しくなった。難所の一つ宇津峠である。左手に石段が見え、赤いのぼりがはためいている。峠越えの安全を守るお地蔵様におまいりして、途中の落合橋で一服、他の旅人同様、ハルさんもこの道を通った。

「前夜泊まった手ノ子の木賃宿を出ると宇津峠越えは二里で、途中の落合の地蔵様に参り、かたわらの茶屋の力餅を食べて一休みをして、間瀬の饅頭屋に泊まる。ここは茶屋兼木賃宿で祭文語りなども泊まる宿である。峠の前後の宿に着くと泊まり合わせた瞽女は、組は異なっていても親方は親方同士、出世前の者はそれ同士で、ゆっくりと語り合ったものである」（前掲書）

ハルさんも米沢の行き帰り、お地蔵様に詣り、力餅を食べた。

椿の集落を過ぎるあたりから、米沢盆地が開ける。扇状にひろがる台地に北、東、南と道は三方に分かれ、瞽女たちは組ごとにそれぞれの道をとった。

田植えの頃越後を発った瞽女たちで米沢は賑わい、石を投げれば瞽女に当たるといわれた。

米沢は瞽女にとって居心地がよく、稼ぎもよかったのだろう。ハルさんたちも六月に越後を発って十月にもどっている。米沢歩きとは、旧米沢藩の中を旅することで、最も遠いのが北の白鷹《しらたか》あたりである。

米沢でなぜ瞽女が大切にされたのか。やはり蚕との関係である。瞽女の三味や唄をきかせると蚕がよく糸を出す。「瞽女さまは神さま」。これだけなら他の土地と同じだが、もう一つは米沢の気風だと案内役の丸川二男さんはいう。

質素倹約をむねとし、陽気に唄い踊ることを抑制する人々の意識だ。歌舞音曲禁止、祭りの時だけ音曲や賭け事が認められた意識が残り、瞽女だけが唯一の楽しみだった。

瞽女の持ち物は、三味の糸、下着や着物の切れはし、何でも大切にし、宿も喜んで提供した。一つの宿に二組や三組の瞽女が同居することもあれば、百人泊めといって大勢泊まることもある。米沢は宿に不自由なく、瞽女にとっては天国であった。

私たちは米沢盆地の外れ、白鷹町黒鴨《くろがも》に向かって道をとる。いわゆる米沢のどんづまり、不便な所ほど喜ばれた。竹下さんもそこへ唄いに行ったことがある。

「おまえ、目みえるんでねぇか。ほんとにござさだか」

そうだと答えると、安心してことの外、親切にされた。段物には涙を流し、瞽女は心の奥に生きていることを確信した。

私自身、『週刊新潮』の掲示板や新聞に瞽女について調べていると書いたところ、数多くの手紙をいただいて驚いた。他のことではほとんど反響がなかったのに、瞽女についてでは資料が送られ、自分の経験や父母から聞いたことが書かれている。人々の心の中に生きている事実を思い知らされた。

「雪深い山里におそい春がやってくると待っていたようにごぜの一行がやって来ました。まんじゅう笠にカスリの着物を短く着て、赤白ピンクとりどりのけだしをしてワラジを履き、先頭に七、八歳位の女の子が手引きをして四、五人のごぜ達が片手に三味線をかかえ、片手を前の人の腰にあてて歩いて来ます。一軒一軒の戸口に立ちペンコシャンシャンとあまり音のよくない三味線を弾き唄を唄います。いつもオハラ節でした」

神戸に住む加藤トキ子さんは、十日町の実家で瞽女が来た翌日は、子供たちで瞽女さごっこをしたという。

「『おかかいらっしゃるかの』『達者だったかの』と親しげな言葉のやりとり、『宿をお願い出来ますか』とまだ宿がきまらなければ気の毒、『なじょうも、泊まらっしゃい、何もないけど』母は台所で忙しそうに夕食の仕度……」

東京・葛飾の清水みせさんは長岡の学校で、昨夜は瞽女さが泊まったと友達にいいふらした。

「大体三時から五時ごろ来て泊めて下さいと頼み、それから日暮れまで門付けをして暮れる頃家に入ります。父や祖父が風呂に入ってから瞽女達に『どうぞ風呂に』といってもなかなか遠慮して最後で良いといった押し問答をしながら入った様です」

長岡の小山昭三さんの家の近くでは、瞽女が泊まるとシラミを置いていくからいやだと泊めない人も多かったという。

「宿で瞽女さん達の一番大変なのは入浴やお手洗いへ行く時です。家のおばあさんがよく手を引いて案内していたのが思い出されます。また瞽女さんの泊まった夜は、夜中でも必要な電灯は消さないようにし、不安を与えないなどの配慮もなされておりました」

最後に見た瞽女の写真を同封して下さったのは、三島郡越路町の永井芳次さんである。遠くの山の端《は》が、くっきりと空に浮かんでいる。山と山の切れ目のあたりが白鷹町。菜の花の盛りで田植えの準備が始まっていた。五月とはいえ米沢はまだ春浅く、日が射すと暖かいが、かげると冷たい風が吹く。

「白鷹町でザルや盆まわしをしてお金を好きなだけ入れてもらったら、二万円位集まった」

竹下さんの話では新潟では一人五百円位だが、山形では一人千円、米沢の地に残る瞽女への思いがさせるのだろう。ハルさんも一度米沢をまわるといいお金になった。姐御《あねご》肌のせいか、人の面倒を見る破目になり、いつも気前よく金を使う。欲しいといわれると何でもやってしまい、たかられてひどい目にもあった。

案内役の丸川二男さんの蚕桑《こぐわ》の家を経て、白鷹へ入る。屋号を茂作と呼ぶ工藤菊次さんの家もかつて瞽女宿だった。旧家だから十五畳、十二畳の部屋をぶっとおして客を招《よ》び、瞽女の唄を聞く。瞽女の泊まるのは、奥の床の間つきの一番いい八畳間である。

毎年きまってくる瞽女の他に〝くずれ〟と呼ばれる子供のいる瞽女も来ていた。

食事は家族と一緒。客人だから主人の脇の膳に坐る。菊次さんは子供だったから、目のみえない瞽女さが恐い。出来るだけ凹んだ目を見ないよう下を向いてごはんを食べた。

食事が終わると、七時か八時頃、ちょうちんをつけておめかしをし、人々がやってくる。座敷は埋まり、家の子供や使用人は入れてもらえない。菊次さんはいつもくやしい思いをした。

人々は瞽女の唄を黙々と聞く。純朴な田舎の人は感情をあらわさず、下を向いたまま静かだ。土間で耳をそばだてると、時折すすり上げる声がする。のび上がってのぞくとカスリ姿だった瞽女が派手な着物に着がえている。地味な土地柄、女たちも黒っぽいものしか着ないので、華やかな色の着物と赤いお腰が印象に残った。

子供たちは、いつの世も知らないものには興味津々《しんしん》、あとをついて歩く。おばんちゃ（祖母）が面倒をみるのを遠まきにし、トイレに行くあとをつける。

この家も前に馬小舎があり、トイレは外にあった。瞽女たちは一度教えられると、トイレの場所を憶え、手引きがなくとも、壁を伝わりトイレに行く。足先で戸をあけ、便器のふちを足でさわって用を足す。風呂に入るのも客人だからとまっ先に瞽女を入れていた。茂作さの家の前は、牡丹の盛りだった。

養蚕が家業のほとんどをしめ、瞽女を神のつかい、不自由な体自体を神の媒介者として大切にした米沢も、時代とともに変わりつつある。養蚕をやるのは、この地区で二、三軒、農業が主体というより、サラリーマンが増えている。

晴れていた空にいつの間にか厚い雲がひろがり、雨が降り出した。

弟子たち

実家にもどったものの、やはり気は遣う。両親は亡くなり、兄の代になっていれば、嫁にも気を遣わねばならない。

ハルさんが気を遣えば、弟子たちもいっそう気を遣い、それなら気楽な方がと、長岡に部屋を借りることにした。弟子は四人になっていた。土田ミス、和田シカノ、石本ハル子、近藤ナヨ。和田シカノはハルさん二十八歳の時、次いで石本ハル子、そして昭和九年、ハルさん三十四歳の年に土田ミス、続いて近藤ナヨが相ついで弟子入りした。近藤ナヨは、〝胎内やすらぎの家〟でハルさんと再会し、共に日を過ごしている。

長岡では、同じ瞽女仲間の長谷川スギの家を借りた。千手町にあったその家には、旅の途中泊まったことがあり、スギとも組んだことがある。瞽女は直接弟子でなくとも、仲間うちで話し合いさえつけば、便宜上組んでまわることが、しばしばだった。全盲のハルさんは手引きが必要なので、手引きを借りたり貸したり、融通しあうことも多かった。

スギは全盲で、あんまをしている夫がいる。年季が明けてめでたく結ばれたのだろう。シズコという手引きを連れて時々歩いていた。そのスギがハルさんと組みたいという。話がまとまり、スギの二階を借りることになった。同時にもう一人シズコという手引きが出来た。シズコすなわち、〝胎内やすらぎの家〟で、ハルさんと寝起きを共にし、なにくれとなく面倒を見ている山田シズコさんである。

シズコさんは、南魚沼郡六日町五十沢の生まれ、五歳でハシカにかかり目が悪くなった。七歳で瞽女の修業をはじめ、長岡市深沢の加藤イサの弟子となり、年季が明けて、旦那持ちの師匠長谷川スギの弟子になる。手引きが出来る位だから、弱視といった方がいい。スギの家ではじめて、ハルさんに出会った。

シズコさんによると、ハルさんとスギとの出会いは昔にさかのぼる。

「ハルさんの師匠のサワさんと、うちの師匠が仲よくて、サワさんは体弱いから、もし亡くなったら、お前にハルさんをくれると言っていた」

とすると、ハルさんとシズコさんは出会う因縁があったのだ。

「ハルさんが三十五の年、一番いい時だったネ。オレは意地悪く育てられたが、お前たちは大切にすると、いつも言っていました」

寒声できたえた声はよく通った。唄のうまい人はいっぱいいたが、みんな細くきれいな声。ハルさんのは、低くて太く、響きわたる。瞽女仲間でも、めったにいなかったという。

旅まわりには紺絣の着物にけだし、肩へ手ぬぐい、まんじゅう笠の下は手ぬぐいで頬かむり、手甲《てっこう》、脚絆《きゃはん》というのが正装だった。

手ぬぐいは沢山必要だった。手ふき用と足ふき用は区別し、用途別に何枚か持ち歩いた。夏はモウカで半分の丈のものにけだし、脚絆に笠と、少し軽装になる。

ハルさんの髪は、お尻にとどくほど長く、すく時には立ち上がって頭を逆さにして、すき櫛を使う。歯のこまかい、垢がひっかかるように出来ているすき櫛を紙できれいに拭きとり、小豆の粉をすくって磨く。手を洗うにも小豆の粉は使ったという。

目のみえるシズコさんは、ハルさんが井戸端で長い髪を洗い、すき櫛でといて、上手に日本髪を結うのを見ていた。器用で何でも出来るから、人の手をわずらわせない。

日本髪の上に笠はかぶりにくかろうと思うが、手ぬぐいで髪が崩れぬように頬かむりして、その上に笠ざぶとん用の紙を何枚か重ねると楽だった。

瞽女の中には、目がみえなくても鏡を持ち歩く人もいたというが、ハルさんは持たない。手かげんで髪を整える。シズコさんの言葉を借りれば、

「いとしげに結われます」

寝る時は箱枕である。これなら結った髪もこわれない。箱枕の小さな抽《ひ》き出《だ》しには三味の糸やバチ皮が入っている。

シズコさんが、ハルさんと本格的に旅に出るようになったのは、ハルさん三十七歳の時であった。

その頃から次々と弟子が離れていった。まず土田ミスと和田シカノが別れた。男が出来たのである。ミスは旅まわりで知りあった魚沼のあんま業の男性と一緒になり、シカノもそのあんまの友人と同棲した。

ハルさんは弟子が結婚することには、賛成だった。

「オラは出来ない体だども、相手がいたらした方がえェ」

石本ハル子も瞽女をやめ、近藤ナヨは、ハルさんが実家に帰した。ナヨさんはそのことを根にもっている。

「弟子でもない師匠でもない、くそばあさん」

ことごとに悪態をつく。親しいからこそ言えるのだが、その元にはあの時のことがある。

「ナヨにぶたれようとけられようと手出ししない」

ハルさんもナヨさんには何をいわれても黙っている。はた目には不思議に思える。なぜナヨさんにだけ甘いのか。ナヨさんが何かねだれば、ハルさんは惜しげもなくあげてしまう。自分が実家に帰したという負い目があるせいだろうか。そこまでするには、よくよくの事情があったはずだが。

ナヨさんは美声で唄自慢、〝胎内やすらぎの家〟の催しでも、歌謡曲を唄う。あの時帰されずに瞽女を続けていれば、自分もハルさんのようになれたのにと思っている節《ふし》がある。人はいいのだが生まれっぱなしのような性格。苦労に苦労を重ねて、自分を築いたハルさんとは、両極にある。だからナヨさんが可愛いのかもしれない。

「死ぬまで唄やめとうないのに、ばあちゃんにぶっちゃられた。こっちは好きなんだども、向こうがいやだった。やだというのに家に帰らせ、他の師匠にくれられた」

ナヨさんの言い分である。ハルさんに向かうと言いたい放題。

「寝てばかりいるから寝ばさだ」

「この人この年にもなってぼけるばっかり」

はたからみると、母に甘える子供と同じだ。

「一つちがえば姉だと思え。二つちがえば母だと思え」

瞽女たちはそう教えられたから、年をとった今でも、同じ態度が出る。

「あの着物ほしい」

「いい指輪してる」

ハルさんの持物はその都度減っていく。

シズコさんは、一月の末、雪の中を南蒲原郡の長沢駅からナヨさんの実家まで、ハルさんについてナヨさんを連れ帰った。

シズコさんの話では、ナヨさんがよくないことをしたので、ハルさんがぶつ真似をしたのを「ぶっちゃられた」とナヨさんが言い歩いた。それを聞いた人が誤解して警察沙汰になったのが原因だという。

そんなことになっては、弟子としてはおけない。とりあえず実家に帰すことにした。

ナヨさんもショックだったが、ハルさんの方もショックだったのだ。

「アネさ、心配しないでいいよ。これからは私が来るからね」

シズコさんはナヨさんを送った帰り道、話しかけた。それほどハルさんは沈んでいたのだ。

いずれにしろ、一度に四人の弟子を手放して、心細い気がしたろう。師匠運も悪いが、弟子運も悪いというのは、このことなのだ。

あんまと一緒になった土田ミスも、そんなハルさんをみて心配になった。

「養母になってくれないか」

自分たちと一緒に住んで欲しいと申し出る。ハルさんも土田ミスには心を許し、相談相手にしていたので、気は進まぬが、将来のことも考えて従うことにした。長岡を引き払って魚沼の家に住むことになる。

その頃から、旅に出る時は、スギとシズコと三人か、あるいはシズコの手引きで二人で出かけることが多くなっていった。

結婚話

ハルさんと一緒に出かけた米沢の旅は楽しかったとシズコさんは回想する。一つの村は小さくまとまって、仕事がしやすい。泊まりつけの宿も多い。

「お久しゅうございます。今晩も一晩お願い出来ますか」

「ああ、泊まらっしゃい。おまえら待ってたんだ」

「ごんぜさまござらした。どうぞどうぞ」

泊まりがきまると、夕方まで村の中を十軒、十五軒と門付りしてまわる。当時の金で二十銭、五十銭ともらい、さわいで歩く。

「面倒だから、そのまま門付けでいこうよ」

シズコさんはハルさんに呼びかける。

宿にもどって夕食まで、身のまわりのことを手早くすませて、宿の子と遊ぶのが楽しみだ。

「おまえなんて、洗濯させようと思えば、宿の子と遊んでばかり」

ハルさんをよそに、子供を集めて歌がるたを教える。お手玉やマリつき、ギンナンや梅の花の形をしたガラでおはじきをする。

「一つガラガラ、二にサンショの木、三つミカンの木、四つユズの木、五つイッチョの木、六つモクレンジ、七つナンテンの木、八つ八重桜、九つ小梅の木、十でとうとうおしまいだ」

子供もござさが大好きだ。土産にほおずき、風船の狸、かわり玉など持って来てくれるからだ。

シズコさんと子供たちの声をききながら、ハルさんは荷物の整理をする。瞽女は目がみえないので、絶えず荷を触る。だから触ってばかりいる人のことを「ござさのようだ」という。

「ごんぜさま泊まったから、ござらっしゃい」

近所に触れがまわると、人々がやってくる。

ドブロクをかかえて峠越えをし、夜長を段物で楽しもうという人。ござさの身につけたものをもらおうという妊婦。安産のお守りにするのだ。

「三味線の切れた糸ないかね」

蚕棚に下げる糸を欲しがる人。そのために切れた糸は、いつも持ち歩いている。

「葛の葉子別れ」「石童丸」で人々の涙を誘い、夜も更けてしめくくりは万歳。

「おかいこ繁盛、末繁盛」

めでたしめでたしと終わる。

「今日はおらえのござさ来たから、うんと御馳走してやらねば……。おめんでもつくってあげるかナ、つみれでもしてあげるかナ」

一時頃まで唄ったあと、夜食が出る。人々とハルさんたちの会話がはずむ。

からかったり、いや味もいわれることがあるが、気にしても仕方がないから、やんわりと切り返す。

「あんたがた、目がみえないから眠たいことなんてないでしョ」

「そうすれば、あなた方は、お腹大きい時にお腹空いたことないでしョ」

皮肉には、ユーモアで答える。

「あんたがたどうして目がみえなくなった」

「お父さんお母さんのいうことききかなかったから。だからあなた方も気をつけなきゃいけないョ」

上手にさとす。

「ございの方は雪がうんと積もって、いろりの煙で目が悪くなったってほんとかネ」

「そうだョ、あんたがたの所は、煙たたないからいいとこなんだョ」

その土地を賞めあげる。

「世間さわぐにゃ豆腐で渡れ、まめで四角でやわらかく」

瞽女たちは処世術を心得ている。けんかは売られても買わない。瞽女同士は組んで歩くからちっとやそっとでけんかは出来ない。ハルさんとシズコさんも仲が良くて、めったにけんかはしなかった。子供時代ハルさんと組んだ親方や姉さのようにきつい人は〝けんか瞽女〟〝棒振り瞽女〟といって敬遠される。

ハルさんの人柄に惚れて、結婚話もいくつか持ち込まれた。事実を確かめると、ハルさんは黙って笑っていたが、シズコさんによれば人の噂にのぼったこともあるという。

「三貫地の人なんて申し込みあったんだよう。どうしてもと」

「発明（聡明）だから、いい奥さんになれたのに」

ハルさんは、目のみえる女以上に何でも出来た。料理もうまい。コンニャクをハイカラにねじりこんにゃくにして煮付けたり、昆布巻も得意。くず米をひいた粉でだんごも作る。

「今日はおだんごしたから」

長岡の家でシズコさんはよく食べさせてもらった。ハルさんの好物は魚。ししゃも、いわし、にしん、きれいに平らげる。

「おら猫だから、何でも食べる」

骨だけしか残らない。その他とうもろこし、いも、ちょっとした工夫でおいしく料理した。

天ぷらだって出来る。シズコさんが手伝って七輪に火をおこし油を煮たたせて具をあげる。目のみえない人は器用だ。人一倍火には気をつけ、何度も火の元は点検、忘れるということがない。

「目のみえる人は、私らのことを危ないというが、かえって気をつけるから大丈夫だ。一人でだって買い物に行けるし何でも出来る」

シズコさんはいささか不満気だ。

ハルさんは色白で肌はすべすべ、お化粧はしない。クリームもつけないが風呂では隅々までされいにする。背中は洗いあい、洗濯も出来るものは自分でする。いくら身ぎれいでも年をとると老臭があるものだが、ハルさんにはない。

シズコさんは娘時代、お化粧したくて隠れて化粧道具を買った。銘セルが流行すると大和百貨店で五円で買って帯もつくった。ハルさんは弟子に肌着や着物を縫ってくれる。お金はいつも帯枕を包む木綿の帯あげに入れ、夜は胴巻きの中。

何一つとってもいいお嫁さんになれたはずなのに、ハルさんがそれをしなかったのは、修業時代、杖で突つかれ大けがをしたのが原因なのだ。

「この人は石に穴あけるほど固い人。男には肌身は許さない」

シズコさんはいう。

山形県松山町相沢へ行った時のこと、泊まりつけがないので初めての家で宿を乞う。

「おら区長でこれから寄り合いがあるが、おまえらよかったら泊まれ」

年とった主人がいう。そして深夜、娘たちが二階で寝てから、風呂上がりの主人が生まれたままの姿でやって来た。百燭電灯のあかあか灯った中で、ハルさんに夜這いをかける。

「かかが死んで一ヵ月、どうかおれの自由になれ」

「それは出来ない。これまで男に肌身を許さんで来たんだ」

「どうでもいうことを聞いてくれ」

「おら、大事なとこ、けがで全然きかないからだめなんだ」

押し問答の末、諦めた主人は今度は隣に寝ているシズコさんにちょっかいを出す。シズコさんは目がみえるが、寝たふりをして薄目で一部始終をみていた。

「これに触ろうなら、村中聞こえる声でどなるぞ」

ハルさんの見幕に主人は裸でひき下がる。その格好がおかしくて、笑いをこらえるのが辛かった。

翌朝は弁当もつめてくれない。北海道の親類からニシンもシャケも余るほど送ってくるといっていたのに。

そこを出たあと、二人は「バカ！」と大笑いした。

「けがさえしてなければ、いい家で暮らせたろうに」

シズコさんは我がことのように残念がる。

ハルさんたちがまわっていく家々では、盆になると、嫁に行った娘たちが帰ってくる。農家では親類を呼んで振る舞いをする。それを「洗濯振る舞い」と呼ぶ。

「今日は洗濯振る舞いだからだめだ」

断る家もあるが喜んでくれる所もある。

「いいとこに来た。こういう時だから御馳走一緒に食べていってくだせェ」

泊まって御馳走を食べ、十二時頃まで唄ったり踊ったり、安来節、さくら音頭など景気のいいもので賑やかす。

里帰りした嫁から婚家先の辛い話も出て、ハルさんは黙って聞いている。

そのたびに、体のこともあるが、結婚はしたくない、自分で生きていくと思うのだった。

餅つき

食堂に紅白の幕が張られている。十二月十日〝胎内やすらぎの家〟の餅つきの日がやってきた。私は前夜、中条駅で列車を降り、車に乗った。刺すような冷気に、思わずコートの襟をたてる。三時間前に出た東京とは、まるで空気が違う。灯りの途絶えた平坦な野を走り、起伏が激しくなったあたりで、窓ガラスにあられがたたきつける。やがて地面が白くなり、二十センチほどの積雪の中、胎内パークホテルに到着した。中条に雪が無くとも、黒川村は白一色に覆われている。

ハルさんと会うのも、三年目に入り、もう「杉本さんのお客さん」ではなくなった。ハルさんの話をききたいのだと分かってもらえたようだ。

「おばあちゃん」自身はもちろん、まわりの瞽女さんともすっかり顔なじみ。山田シズコ、近藤ナヨ、金子セキ……みんな私の名と声を憶えてくれている。

「明日帰るのかネ」

ハルさんは、私のことを気遣ってくれる。

十日の朝、泊まりつけのホテルを出て〝胎内やすらぎの家〟に着く頃には、太陽が少し顔を見せた。通い馴れた道路を、右へ折れ左へ折れ、頼母木通り一番地へ。

「おばあちゃん、こんにちは」

「あ、この間はいろいろとありがとうございました」

竹下さんにことづけた菓子の礼である。

「元気ですか」

「ハァ」

相変わらず無駄口はきかない。きちんと着がえをすませて、シズコさんに手を引かれて立ち上がった。

食堂には、特養の人々も含めて、入居者のほとんどが集まっている。恒例餅つき大会は〝胎内やすらぎの家〟の大切な行事、黒川村の伊藤村長以下役場の来賓、新潟市からも客人が呼ばれている。

お神楽《かぐら》の奉納が始まった。坂井神楽舞保存会の人々による獅子舞。三人の田吾作《たごさく》が畑で種まきをしていると、白装束の天狗がとび出して来て田吾作をころがし、三人は退散。そこへ獅子が登場し、獅子と天狗の一騎打ちという筋書きである。

私たち目のみえるものには面白いが、目のみえない人々は、田吾作の科白《せりふ》や天狗の声、獅子の鼻息で想像をたくましくするしかない。時々笑い声が起きるが、ハルさんは笑わない。

三列目に端然と坐り、うつむき加減の顔には陰がある。人に対した時の堂々とした態度とは裏腹の、ハルさんの横顔にはっとした。

一人耐えているような孤独な顔。大勢の中にまじって、誰にもみられていない安堵感からだろうか。長い道のりの暗部をみた気がして胸を衝《つ》かれた。神楽に夢中で、誰もハルさんの変化に気付いてはいない。

いよいよ餅つき、場はいっそう盛り上がる。大きな臼が二つ中央に腰をすえて、蒸し上がったもち米が入った。〝目つぶし〟は、もち米をつぶす作業だが、力とコツを必要とする。ピンクの前かけ姿の〝胎内やすらぎの家〟の職員が杵《きね》を持ち上げるが、腰が決まらない。若い男性だから、家で餅つきなどしたことがないのだろう。見かねた村のお年寄りが、前かけと杵を受けとって手本を示した。

村の青年団が負けじと挑戦するが、へっぴり腰でおぼつかない。伊藤村長や村の来賓の方が堂に入っている。皆とった杵づかである。

「よいしょ！」

かけ声と共に杵を振り下ろし、合間に水をつけてこねる。タイミングがむずかしい。ようやく餅らしく粘ってきた。

「今のは若い衆」

「こんどは年寄り」

目はみえなくとも、音でつき方のうまい下手は分かるらしい。見事にいいあてる。

入居者からも希望者が出て、後ろから職員に介添えされて餅をつく。

「よいしょ！」

かけ声の合唱が響きわたる。ハルさんは無言である。邪魔にならぬように参加して、自分一人の思いの中に沈んでいる。ハルさんは何を考えているのだろうか。

「おばあちゃんは、人前に出ると辛さをのみこんでしまう強さがあって、素顔をみせない。いやな感じを絶対に与えることがない。一人でいる時の表情がとれたら……刻みこまれた心の映像がうつせたらと思うけど、目のみえない人に黙ってうつすのは失礼だと思うからむずかしいのよ」

〝胎内やすらぎの家〟で長い間ハルさんの写真をとりつづけていた、カメラマンの松井朋子さんがいっていた。

餅つきが終わって、大きなつきたての餅が三つ入ったお汁粉と氷頭《ひず》なますが昼食に出た。

「おばあちゃん、餅つきはしたことあるの」

そばへ寄って聞いてみた。

「うちで餅はつくろも、奥へひっこんでて見たこともない」

「お正月は、瞽女の仕事休めるんでしょ」

「正月だって一日だけ寝たり起きたりして、二日からは働くすけ。別に楽しみだってなかったねェ、何かして遊ぶこともなかったね」

人が楽しむ時に働かねばならぬ辛さは、ひとしおだったろう。

「唄うたうならいいが、正月の二日から薪とりに行かされたのは辛かったねェ」

問わず語りにハルさんがいう。

落ち着いていたハルさんの暮らしは、弟子が去っていくことで、再び苦難の道を辿り始めていた。

第三章　報われぬ愛情

高瀬

養女になった土田ミスからぜひにと頼まれ、その主人であるあんまの男も来てくれというので、ハルさんは、魚沼のその家に本拠を置くことにした。難儀の始まりである。最初のうちは、スギやシズコと旅に出ていて、家に帰ることもなかったがその間にあんまの男には正妻がいることが判明し、奥さんが魚沼の家へ押しかけて来た。戸籍を確かめることもせず、ミスとの結婚も口約束だったのだろう。

ミスは驚いて家を出、あんまの男のはからいで、岩船《いわふね》郡関川村の高瀬温泉に居を移した。ハルさんの住所も自然に高瀬に移ることになる。魚沼の家の普請にもお金を出したし、新しい高瀬の家でもあんまの男から金を要求された。瞽女の仲間もみな寄ってくれていいからとミスに頼まれたからだ。

私には腑に落ちない。みすみす苦労をすることが分かりながら、なぜハルさんは高瀬に行くのか。長岡のスギやシズコと一緒にいれば、まだ年も若いし、旅まわりをして十分食べていける。養母という形をとったからといって、ミスの家に厄介にならねばならぬとは限らない。あまりに律儀すぎる。ひどい師匠でも我慢したのと同じく、弟子のためなら犠牲になる。

自分から苦労を背負いに行っている気がしないでもない。

「いいったって悪いいったって、そこに入ってそこにいる限り、よくても泣くような辛いことあっても、笑ってつとめねばなんね」

自分を殺しても人をたて、いやとはいわない。

「目のみえないものは、人の世話にならないと生きてはゆけない」

母の教えと、運命を甘受する態度が、これでもかこれでもかと苦難を強いる。

土田ミスが心配だったこともあろう。あんまの男には、とかくの噂があり、評判が良くなかった。体が大きくて、なかなかの男ぶりだったというが、女関係も華やかだった。

「正月の二日から薪とりに行かされた」のは高瀬に行って間もなく。大雪で家の薪が湿り、どこかでみつけて来いとあんまの男に命じられ、目のみえぬのに杖をつき、一人で探しに出た。どの家も薪が湿る条件は同じである。

「薪もみつけられんなら帰るな」

昼ごはんも食べさせず、再び雪の中に出される。やっとの思いで辿りついた十何軒目かの家で応対に出たのは、米沢の泊まりつけの家から嫁に来ていた娘だった。

ハルさんを一目みると驚いて家に上げ、いろりのそばで餅を食べさせ、薪もくれた。噂を聞いた他の家から炭やらマッカサやらが届けられ、ハルさんのための口ぞえもあって家に入ることが出来たのだった。

唄の仕事がない時は、ハルさんもあんまをさせられる。一刻も休ませずに稼がせたいのだ。馴れないあんま仕事に雪道を笛を吹いて出ると、旅館から声がかかる。高瀬は温泉街だから、稼ぎにムラがある。少ない時は、ごはんも食べさせてもらえず、家に入れてもらえぬこともあった。

客から細かいのがないから代金は、明日にして欲しいといわれ、手ぶらで帰ったことがあった。

「金をもらってくるまでは入れらんない」

あんまの男はハルさんを外に出し鍵をかける。雪の降りしきる中、戸口に立って夜を明かし、翌朝旅館に金をもらいに行った時には、寒さで顔も手も土気色だった。

わけを聞いた旅館で金をたてかえてもらい一件落着したが、ハルさんのそれまで稼いだ金も、あんまの男にまき上げられてしまい、何度も死んだ方がいいと思った。

「この人は苦労のさずかる人で、高瀬では物も食べられず辛い思いしたんです」

シズコさんが証言する。

ハルさんが理不尽な苦労をしいられた高瀬を私は訪ねてみた。岩船郡関川村にある高瀬温泉は、〝胎内やすらぎの家〟から小国に向かって国道を走り、米坂線の線路を越してすぐにある。

田園風景の中に川の土手が続き、「荒川温泉峡」と書かれた看板がある。

荒川沿いには、いくつかの温泉が湧いていて、その一つが高瀬温泉だ。秋になると、鮭も上ってくるという荒川の土手のすぐ裏手が温泉街。道の両側に旅館が並んでいる。

「高橋屋観山荘」など老舗の看板も見えるが、ほとんどは新しく建て直されている。数は多くはないが、ハルさんの居た頃とは、様子も変わってしまっただろう。

旅館街を貫く一本道だけは変わりようがない。

あんまの笛を吹きながら、ハルさんはこの道を歩いた。修業を重ねた唄ではなく、馴れぬ仕事で稼がねばならぬ我が身がどんなにかみじめだったろう。折角自立のために母が教え、孫爺様が面倒みてくれたのに。高瀬にとらわれた身の不運をかこちつつ、力なく笛を吹く。

私はどこかに鍼灸の看板がないかと、探した。横町に入ればあるかもしれないが、表通りではマッサージの文字に気付かない。誰かハルさんを憶えていないか聞いてみようと思うが、新しい街並みは、よそよそしく瞽女の匂いもない。

「高瀬のきんつばは、いっちうまい」

ハルさんがよくいっていたと、同行の竹下さんがいう。

やっとその店を探しあてた。皮がうすくみるからにおいしそうなきんつばをハルさんの土産に買って外に出ると、温泉街に夕闇が迫って来た。

長岡へ

春になって、ハルさんは高瀬を出た。さすがに耐え難かったのだろう。もっと早く出たかったが、目がみえないから、一人では列車にも乗れず、スギやシズコのいる長岡へは、もどれない。雪の間は身動きがとれず、瞽女の仕事もあんまの仕事も少なく、無理難題を吹きかけられた。

土田ミスはどんな思いでハルさんをみていたのだろう。助け船を出さなかったのか、あんまの男にとりなしてくれなかったのか、今となっては土田ミスも亡くなり、確かめようがない。

当時は男の権力が強く文句を言えなかったのと、あんまの男がヒモ的存在で、ミスも働かされ逃れられなかったのかもしれない。

出るにあたっては、ハルさんの稼ぎは高瀬に入れること、長岡と高瀬を行ったり来たりするという条件がついていた。

瞽女としてのハルさんの稼ぎに目をつけ手づるだけは放さないという狡猾さだ。

なぜそんな条件を飲まねばならないのか、出てしまえばおしまいではないかと思えるが、目のみえないハルさんのこと、張りめぐらされた網の目をくぐっては生きられない。瞽女やあんまの世界も決して広くはなく、所在はすぐ知れる。

金さえ入れておけばいい。ミスも辛い思いをしないですむだろう。人が好すぎると思えるが、それがハルさんの生き方だ。

「めんどうな時は音《ね》出さねえで黙ってる。言葉返さねば、けんかにならねェ」

警察沙汰にしてもいい虐待行為にも、目のみえないもんが問題をおこしてはと極力避けて、ひどい仕打ちに耐える。

「人の上になろうと思えばまちがい。人の下になっていようと思えばまちがえない」

いつだって人の下になって、犠牲になる道を選んで来た。

三十九歳で長岡にもどったハルさんは、スギの家から天理教会に居を移した。長岡の教会には、浅井キヨという面倒見のいい女主人がいて、大久保カネ、吉岡セキといった年輩の瞽女も寄宿していた。

時折遊びに出かけるうち、そこに移ることに話がまとまる。ハルさんが天理教の信者だったわけではなく、高瀬のあんまから身を守る場として、安心出来たのだろう。

「セキさんは耳は聞こえない。カネさんは眼は見えるし歩かれるんだども、脳膜（炎）を病んだ人なんでほかの衆はいっしょに歩くのを嫌がった。そんな年寄りと行くのは困るってね。ふたりで歩かせておくと心配だからって、私は天理教から頼まれたんだ。私も頼るところはないし、天理教の信者になってここに死に水を取ってもらうつもりでいたんだが」

『瞽女の民俗』の中で、佐久間惇一氏にそう語っている。

頼まれればいやとはいえない。難儀している人をみてはよけて通れない。自分自身が苦労して来ているから、年寄りや子供の面倒は喜んでみる。みんながいやがることを引き受けてますます苦労は重なるが、自分の修業と考える。ハルさんの癖だ。

天理教に移ったのも自分のためより他人のため。それから七年もの間、カネとセキと一緒に歩いて面倒をみた。

耳のきこえないセキ、脳を病んでいるカネ、二人を連れての旅は、容易ではない。

ゆっくりまわって、寝たい時は寝て、という二人に合わせて仕事にならない日もある。

ハルさん一人がんばることになる。雪のある間は、近在の長岡から見附から栃尾《とちお》。夏場は小出《こいで》から六日町、湯沢方面。お盆には長岡にもどって、北魚沼の入広瀬《いりひろせ》。秋になると村松、新潟など、カネは泊まりつけも多かったので宿に苦労はしなかった。

ただ年寄り二人の面倒をみなければならず、その頃のハルさんは、経験のないあらゆることをした。長岡の大通りに、ござを敷いて唄ったり、祭りにも出て唄った。

「食うて着て寝れば、それでいいからって気持ちでねェ」

瞽女の仕事から外れたことも、食べるためにはやらねばならなかったのだろう。

六月の終わり、なつかしい小国へまわってきた。米沢歩きに何度も通った場所だ。ハルさんを憶えている人も多い。久しぶりに段物を唄い人の情けに会う。年寄り連れで山越えはきつい。米沢にも行ってみたいが、ままならない。

ハルさん自身も、五十歳に近くなって体力の衰えを意識しはじめていた。

年寄り二人の歩調に足並みを合わせながら、ハルさんは何を考えていたのだろう。

苦労して得た金ですら、時折高瀬からあんまの男がやって来て、まき上げていく。

私は黒川村の胎内パークホテルから車で小国方向に向かう山中で、〝仏法僧〟を聞いたことがあった。

「ブッポーソー、ブッポーソー」

深夜から早朝にかけて鳴きかわす〝このはずく〟は、全国でも珍しい。

山あいに車を止めると、静寂があたりを包んだ。耳をすますとかすかにきこえる。

「ブッポーソー」

同じ音階だ。一つ山をめぐると、その声は近づき、正面から降って来た。鳴き声に応えるかのように、もう一羽が鳴き出した。闇の中で鳴きかわし、少しずつ近づいて、明け方愛の交歓をする。

天界から降ってくる高い透んだ声がこだまする山の中、ハルさんたちも、「ブッポーソー」を聞いただろうか。

ハルさんがカネとセキと共に寄寓していた天理教会は、現存している。長岡市立科学博物館長の鈴木昭英、それに竹石貞三郎の二人と共に住所を頼りに訪ねた。

長岡市東神田三丁目十一番二十五、浅井誠。山田シズコさんがしっかりと住所を暗記していた。ハルさんの所には、浅井誠・トシ子名で年賀状が届く。浅井トシ子さんはハルさんたちの面倒を見た浅井キヨさんの娘、その息子が当主の誠さんである。

綿帽子をすっぽりかぶった家は、どれもこれも同じに見える。確かこの辺のはずだがと、通りすがりのおばあさんに聞く。角巻き姿で買い物かごからは大根がのぞいている。

私たちのいる斜め向かいだったのだが、分からぬはずである。昔のままのしもたや風な造り、墨で書かれた看板も黒ずんで、近寄らなければ分からない。

「天理教長越分教会」

格子戸をあけて案内を乞うが、返事はない。正面に簾が下がった祭壇があり、毎日のお勤めに使われる太鼓が見える。信者の集まる畳敷きの広間……、そこまで目に入れた時、別棟の戸があいて、かっぽう着姿の年輩の女性が現れた。浅井トシ子さんである。誠さんは所用で出かけているが、どうぞといって広間のストーブの前に招かれ、話をきいた。

「小林ハルさんを憶えてますか」

「ええ、母が面倒を見てましたから。私は二十代で、ごはんも一緒に食べたし、話もよくしましたョ」

天理教は人助けをする所だと、母のキヨさんは身寄りのない人を泊めた。耳の不自由なセキと脳膜炎を患ったカネの面倒を見、セキは実家にもどったが、カネの死に水をとった。

ふだんは旅まわりが多いが暮れにはもどり、長岡在をまわる時は、寄っては着がえをし荷の出し入れをする。ハルさんたちの居た部屋は、お勤め用の広間の右奥に廊下でつながった別棟の二階屋。一階は母と娘、二階はハルさんたちが暮らしていた。

「少し直しましたが」

トシ子さんの指さす奥に階段がみえた。

カネとセキは信者だからお勤めをする。ハルさんも朝八時半のお勤めに時折参加するが、夜は瞽女やあんまの仕事で出来ない。

食事は母娘でつくり、瞽女三人は上げ膳据え膳。そんな折よく旅まわりの話をきいた。カネは帰るとすぐ寝るが、ハルさんはキヨさんとつづくりものをし、時折来るシズコさんも手伝った。ひまがあれば、キヨさんの背にまわってマッサージ、門付けでもらった野菜や米はみな持ち帰った。頭が痛《や》めるのか、じっと坐って目を押さえていた姿も印象に残っている。

唄の練習をしているのはあまり聞かなかったが、カネの太い男声にくらべて、ハルさんの声はよく響いたという。

空襲そして敗戦

昭和二十年八月一日の長岡大空襲の折にも、この家だけは焼け残った。ハルさんのいた当時そのままなのである。

市街地のほとんどは焼け野原になったが、ポツンと一画、天理教会のあるあたりだけが焼けのこった。

「爆弾が落ちても、声かけんなよ」

Ｂ29が来襲し、爆撃を受けている最中も、キヨさんは肌ぬぎになって、一人広間で太鼓をたたき、懸命に祈り続けた。

「あのおばあちゃん、いつも人助けしていたすけ、焼けなかったんだわネ」

人々は噂しあった。

トシ子さんによれば、この一画に捕虜収容所があったから、焼けのこったのだろうという。

家を焼かれ、身寄りを失った人々は、焼け残った教会へ殺到した。人々に炊き出しのおにぎりを配り、広間を開放し、常時十二、三人の面倒をみていた。着るものがない人には、自分のものを着せ、二階にあるハルさんたちの着物も供した。無断でわるいと思ったが、目の前に悲惨な姿を見ては、手をこまねいていられない。

ハルさんは、空襲の間、運よく長岡を離れていた。栃尾の在をまわっていて、一人ずつ分かれての泊まりだった。戦争が激しくなっていく中で、瞽女の仕事も昔のようにままならなかった。が田舎の人々の情は厚く、ラジオが普及してからも、瞽女は大切にされた。

東京や大阪などとちがって、米も野菜も手に入る。都会から疎開してくる人々に話を聞いても、実際に空襲を受けるまで、実感は湧かなかったにちがいない。

私たち一家も、軍人だった父の転勤で大阪に居て、奈良県の信貴山《しぎさん》上に疎開していたが、いざとなると母の里が頼りだった。そこには居場所もあるし、食べ物もある。戦後になって食糧難の中、上越の母の実家に一時もどることで、飢えをしのぐことが出来たのだった。長岡空襲の日、ハルさんは泊めてもらった家で、おにぎりととうきびをもらい、人数割りをしておいた。

夜は灯火管制で灯りはつけられず、つける時は、むしろを外に下げて暗くした。唄などのんきに唄えないので、夕飯が終わった後は荷をまとめ、いつでも避難出来る用意をしておく。

夜十一時敵機来襲。宿のおじいさんとおばあさんは押し入れをあけたり、仏壇の戸を閉めて大あわて。ハルさんは場所を確かめてあるから落ち着いて家を出、防空壕に入る。

「ござさどこだ」

「早よこっちへきなせい」

暗がりでぶつかったり迷ったり、こんな時は目のみえる方が不自由である。

空襲は夜二時まで続いた。ハルさんには、爆音と炸裂する爆発音だけしか聞こえない。収まって外に出ると、近所の人々が集まって口々に何かいっている。

「長岡の方角で火が見える。空が真紅だ」

ハルさんは居たたまれない。

長岡はどうなってしまったのだろう。天理教の家と、キヨさん母娘は大丈夫だったろうか。瞽女の仲間たちはどうしたろう。山本ゴイの居る瞽女屋は焼けてしまったのだろうか。みえない目を長岡の方に向け、心の中で案じている。

権勢を誇った瞽女屋も、この空襲で、焼け落ちてしまっていた。瞽女の仲間が避難の途中、信濃川の近くで死んでいった。

一刻も早く長岡へ帰りたい。気はあせるが、いつ空襲があるやもしれず、道も橋も壊されて危険だからと、無理矢理まわりから止められた。

長岡からは、焼け出された人々が命からがら逃げて来て、惨状を物語る。胸を痛めながらもハルさんは、栃尾の人々の情にすがって、十五日の敗戦の日まで、落ち着かない日々を過ごしていた。

そして八月十五日、セキとカネを置いて旅に出た種苧原《たねすはら》で、スギとシズコに出会い、日本の敗戦を知る。天皇陛下の玉音放送は、ラジオのない所だったので聞けなかった。

昼の休みをさせてもらった家で唄おうとしたら、人々ががやがや話している。

「戦争に負けた！」

「せばどうなる。みんな殺されるんだろうか」

実感は湧かないが、戦争に負けたのなら、命はないかもしれない。殺されるなら殺されればいい。ハルさんはいつだって死ぬ覚悟は出来ている。

「どうせ生まれて来て、人に迷惑ばかりかける身なんだ。死ぬなら死ねばいい」

開き直りもある。生きている限りは、人に迷惑をかけぬよう、一所懸命生きなければならない。門付けをしながらぼつぼつ歩いていくと、村の人が来て言う。

「ごぜさ、この世のなごりに唄ってくれ」

鎮守の杜には、人々が集まっていた。今から思えば笑い話だが、その時は真剣だった。すぐにも占領軍が来て殺されると風聞が立つ。私の家でもいざとなったら風呂の中に隠れるとか青酸カリを飲むとか、母からその薬を見せられたこともある。

鎮守の杜で、ハルさんは懸命に「小栗判官照手姫」を語り、串本節、鴨緑江節を唄った。人々は涙を流して聞いた。

「仕事だから涙かくして唄ったども、何ともいえない気持ちだったネ」

これからどうなるのかみな不安に包まれていた。

やがて食糧統制が厳しくなった。人々は食うや食わずで、都会からの買い出しが相ついだ。買い出し列車の混雑ぶりはすさまじかった。

私も母の里に向かうため、大阪から北陸線にのったが、足の踏み場もなく、網棚からデッキにいたるまで荷物の海。いもやとうもろこしや様々な食べ物の入り混ざった匂いが漂い、駅についても降りるに降りられなかった。なんとか人間だけ窓から降りることが出来たが、トランクを降ろすことが出来ず、終点の長野まで持っていかれてしまった。

それでも田舎の人々の気持ちは温かく、母の里でやっと、人間らしさをとりもどすことが出来たのだった。

瞽女たちも、泊まり先をみつけるのにまだ苦労はなかった。戦争に負けて、噂のようにアメリカ人に殺されるよりは、施しをした方がいいという気持ちもあっただろう。

ただこれまでのように、食事と泊まりの面倒をみてもらうことはむずかしくなり、ハルさんたちも、いもやとうもろこし、豆の粉などの食べ物を持参するようになっていた。食べ物さえあれば、泊まるのには難しさはなかった。

以前にも、温泉宿に泊まる時は、米を出して炊いてもらい、惣菜は自分で買ったり作ったりしていたから、同じだと思えばいい。

瞽女が泊まっていると聞いて、農家の主婦たちが湯見舞いと称して、米をもって来てくれたものだが、戦後はあてには出来ない。米は正規のルートでは、手に入りにくくなっていたから、闇米を買った。

長岡の天理教に住まわせてもらうためには、ハルさんたちも、食糧を見つけてこなければならない。戦後二、三年は米やいも運びが仕事になっていた。

名目上、三味線は持ってはいくが、門付けはせず、農家で一休みして、希望があれば唄う。そして目のみえる者の集めて来た米や穀物をかついで帰る。いわばかつぎ屋である。運び賃として、現金や品物が手に入って、なかなか良い稼ぎになった。田舎を旅してまわる瞽女に闇米の依頼も多かったのだろう。

みなその日一日を暮らすことに懸命だった。長岡瞽女の中核、瞽女屋も失われ、組織はばらばら、廃業も相ついだ。

残った瞽女たちが三々五々、組んで歩き、戒律だの、はなれ瞽女だのといっているわけにはいかない。生きるためには誰とでも組まねばならない。

電気がつけられるようになって、唄を所望されることもある。戦争ですさんだ心を瞽女の唄を聞くことで、少しでもいやそうということだったのだろう。

実家

戦後間もない秋十一月、ハルさんは泊まった家で、悪性のできものを移された。その家の女性の手を握った時、妙にごわごわしていると思ったが、気にもしなかった。ハルさんはもともと皮膚が弱い。虫にさされてもはれ上がる。他の人がすぐ治るものも、なかなか治らない。

〝胎内やすらぎの家〟で帯状疱疹（ヘルペス）にかかった時も最初は虫さされだと思って、キンカンをつけた。一時は良いように思えたが、風呂に入ると腰から下に、発疹がいっぱい出来た。ヘルペスの痛さは尋常ではなく、看護室から新発田の病院にまわされた。大事な所のけがを見られるのではと、ハルさんは気が気でない。点滴を続けて、治るのに一ヵ月かかった。

できものを移された時の旅は、カネとセキが一緒だったが、二人は他の宿だったので、移らずにすんだ。

最初の症状は手の指。はれ上がって指と指がくっついてしまう。そのうち首から胸へと広がった。それでもまわれる所はまわったが、宿の人もいやがらずに泊めてくれ、風呂にも入ることが出来た。他の人に移ってはと、前もってできものを見せ、それでもいいかと確かめて泊めてもらう。律儀な性分なのだ。

天理教にもどっても肩身が狭い。家を失って寄寓している人々に、移してはたいへんと、廊下の隅にあんかを入れてもらって、やすんでいた。

キヨさん母子は、着るものをきれいに消毒し、新しい下着まで買って、よく面倒をみてくれた。指が使えず、箸が握れないので、食べ物は握り飯。

困るのが風呂である。

「あのしょ(衆)は、できもの出してうつるといけない」

共同風呂へ出かけると、ひそひそ話が耳に入る。そんなハルさんのために、キヨさんはドラム缶に湯を入れ、他の人と別にしてくれた。

戦後の物のない時期である。薪代もかさむし、ただ食べさせてもらっていては申しわけがない。じっとして人の世話になり養生していられないのがハルさんだ。他の瞽女が組んで出かけていく。このままキヨさん母子に甘えていていいものだろうか。できものが治るまで、実家に帰るか、関川の高瀬温泉で治療をしようと考えた。

それでは送っていくからと、シズコさんが手引きをして、実家にもどることにした。

実家では、孫爺様はすでに亡くなって、代がかわっている。留守にはしていたが、なにかと世話になるからと、ハルさんは稼ぎの中から積み立てをして田んぼを買い、実家の名義にしておいた。することはしておいたのである。

ほんとうに困った時だから、頼ることにしたのだ。

思いがけず、実家のあしらいは冷たかった。

ハルさんはできものだらけで、幼い子供に移されてはたいへんだと思ったのだろう。

「悪いが、おまえみたいにできもの出来ていては、家におかんねェ」

嫁にそう言われた。ついていったシズコさんは、ハルさんが可哀そうになった。こんな立派な実家があるのに帰ることも出来ない。

「アネさ。わたしがついているすけ、安心しろ。おまえの行くとこどこへでもついていってあげるから。カイカイ病うつってもいい。長岡のスギ親方から追い出されてもいい」

シズコさんはそう言ってはげました。

やっと部屋に上げてもらって、いろり端に寄る。

「スー（ハルさんのこと）に食わせるへんな茶碗ないか」

同じ茶碗で移ってはと心配したのだろうが、一語一語が、針のように突きささる。

「一番悪いフトン敷いて二人して抱き合って寝ればいい」

泊めてはくれたが十一月の肌寒い日である。シズコさんは自分はどうなろうと、アネさの力になりたいと、一緒のふとんで寝たが、カイカイ病は移らなかった。

シズコさんには、ハルさんの実家が薄情に思えた。家にいる頃から人の邪魔にならぬようハルさんはひっそり生きて来たのだが、八人兄妹の中で、目が悪いからと一番大切に育てられたシズコさんには納得出来ない。

ハルさんにしても、出来る限り実家につくして来たという思いがある。自分の辛い時に力になってもらえず、自分はこの家に不用なのだと思い込んでしまう。

瞽女として自立して生きてきた誇りもうちひしがれ、体も弱っていたので、実家の仕打ちは身に沁みた。肉親同士の遠慮のない物言いだったのかもしれないが、ショックを受けたハルさんは、二度とこの家には帰らないと決心する。

「人間、明日どういう身になるか分からねえ。そういう時だったから、来いといわれても行かれねェ」

その時を思い出して言う。

翌朝早々に実家を発って、関川行きを決める。駅に行って切符を買わねばならないが、駅まで一里ある。やっと歩いていって行列したが、戦後まもなくのこととて、容易に手に入らない。日が暮れて泊まる所も無く、やむを得ず、実家にもどった。自分一人なら野宿もいとわないが、シズコをそんな目に遭わせられない。

「遠慮することないよ。行こうよ」

シズコさんにすすめられ、気のすすまぬまま、雨露だけでもしのげればともどった。

「また来たがや」

それでも泊めてもらって、翌日ようやく切符を手に入れて、高瀬に行くことが出来た。

「この方はこの家で生まれた人。せめてこの方の喰いぶちぐらいください」

シズコさんはハルさんの実家を出る際に言った。米一俵をもらい、それを背負って駅へ向かった。実家では温泉で療養した方がと米一俵を持たせたのだろうが、ハルさんにしたら米一俵で追い出されたと思い込んでしまう。長い間にハルさんの中でその思いがふくらみ、より苛酷な記憶として形づくられる。

「縁の下に一晩泊まって米一俵で湯治場へ行かされた」

家のためを思って働いて来たハルさんにはそれほどショックだったのだろう。

「目のみえないもん雪の中へ出されて、シズコがいなければ死んでた……」

以来、自分からは一度も実家に帰っていない。この時ハルさんは自分の中にある実家への思いを断ち切ったのだ。自分には頼りにする場所も帰る家もない。年をとって死ぬまで自分の面倒は自分でみなければならない。

その頃から顔にはかげりがみえ始めた。旅先でもそれまではよく話し、よく笑ったというが。

ハルさんは強い女だ。思いは自分で断ち切る。実家への思い、肉親への思いを切らねば自分の心を支えて生きていけない。

「その時のアネさはほんとうに可哀そうでねェ」

繰り返しシズコさんが言う。

その後実家を訪れるのは、テレビ取材のため、〃胎内やすらぎの家〃から母の墓まいりに出かけた時一回だけである。

当代の小林さん夫妻は、そんな遠い日のことは知らない。ハルさんの里帰りを大歓迎し、子供時代の近所の友達を招《よ》び、御馳走した。ハルさんも昔話をし唄をうたったが、母の墓を詣でると、その足で〃胎内やすらぎの家〃にもどってしまった。三十年ぶりなのだからぜひ泊まってくれと小林夫妻が言っても「うん」とは言わなかった。

ハルさんは意地のある女だ。一度出された家には帰れないと心に決めている。かたくなに考えずに、代も替わっているし、今はいい人たちなのだからと思っても、頑として決めたことは変えない。

〃胎内やすらぎの家〃に小林夫妻はその後、面会にも出かけている。迎えにくるから気がむいたらいつでも帰ってくれとハルさんに言う。

「来たければすぐ迎えにいくどもといっても、もと出された家だすけ行かない」

ハルさんは誇りのある女だ。感情に負けては生きては来られなかった。

「墓も入るといえば入れるども、出されたところへなんか入れない」

死んだら実家の墓に入ることも考えてはいない。終戦後のあの時点で終わったのだ。自分を厳しく躾けて自立させてくれた母への気持ちは強いが、そのことと自分の今後とは分けて考えている。

ハルさんは死後のことを思うと、誰にも言わず思い悩むことが多くなった。

性　分

高瀬に着いたハルさんとシズコさんは、土田ミスの家に向かった。行きたくなくとも、他にあてはない。できものが治るまでそこにおいてもらうしかないのだ。ミスは心配して、自分があんまをしてでも面倒を見るという。ハルさんに辛くあたったあんまの男は、長旅に出ていて留守である。ほっとしてミスの家から毎日湯治に通った。

両手にほうたいを巻いているので、高瀬の共同浴場でもいい顔はしない。

「あんたが風呂に入ると、他の人が入りたがらない」

「じゃ、どこへ行けばいいんだ」

「湯沢なら大丈夫だ」

そこで、朝ごはんがすむと、毎日、おにぎりを持って湯沢へ通った。

「アネさが治るまで一緒にいる」

シズコさんは、いつも手引きを引き受けた。

全快はしていないから、なおりかけの崩れた跡はいっそうきたない。

「手袋をつくってもろうて旅に出たがネ。指くっついてしもうて、ごはんも食べられねェ。三味も弾かれない。手袋の上におにぎり載せてもろうて食べた。ごはんくっつくと、口で拾うて食べる。おつゆやおかずは、宿で口元へ運んで食べさせてくれた」

三味はシズコさんにまかせ、唄だけは唄えるからなんとか稼げた。二ヵ月経って、ようやく全快し、キヨ母娘のすすめで長岡の天理教会に帰ることが出来たのだった。

その頃、高瀬では、一騒動が持ち上がっていた。あんまの男に三人目の女が出来たのだ。土田ミスは高瀬にいられなくなり、瀬波《せなみ》に移った。出るにあたっては、あんまの男が瀬波に家を都合してくれた。ハルさんは、いざという時のため、ミスの所の一部屋を借りておくことにした。

その後も高瀬にいるあんまの男からは、長岡のハルさんの許に、何度も迎えに行くという連絡があった。呼びもどして働かせたいのだ。その都度ハルさんは断っている。

時代はますます厳しさを増してくる。

都会では孤児があふれ、闇市が立ち、飢え死にも増える。田舎でも食糧難のため、細々と続けてきた瞽女もやめていく。泊まりつけの家が没落していくケースも珍しくない。

「実はな、瞽女さ……。今までは、おまんたどれだけきてもらっても、世話してあげたんだども、これからはなんもでけんようになってしまった。もう、おまんたの世話、できないすけ……、今日は帰ってくんない」

『ある瞽女宿の没落』（大山真人著）には、農地解放を機に大地主が没落していくさまが描かれている。

この瞽女は高田の杉本キクイ、シズ、難波コトミ一家である。私の母の実家、中頸城郡板倉の貝屋、通称下のうちも、農地解放後は、やはり瞽女を泊めるゆとりがなくなり、昼ごはんだけを食べてもらっていた。

ハルさんはあらゆる苦労をして来たから、苦労を苦労と思わず、一つの宿で断られても次の宿を見つけてはいたが、世の移りかわりを身にしみて感じていたはずである。唄をうたって米をもらうのも、みつかると警察がうるさい。

「おまえら、米くれくれいうて、こんなにどうする気だ。闇で売るんだろう」

調べられ、折角の稼ぎも取り上げられることもある。目がみえないからと大目にみてくれることはあっても、この御時世、米をかついでいればとがめられることも度々だったろう。

長岡近辺でも、米についてはうるさい。米は本来配給制で、ハルさんたちが門付けでもらうのは法律外である。ハルさんの住所は、高瀬のままになっていたから、移動証明がなければ長岡では配給がない。

高瀬のあんまの男は、時々長岡へ来ては、天理教ではハルさんたちを働かせて米をとっているなどと、根も葉もないことを言いふらす。

もう一つ困ったことが起きた。あんまの男が、女中のように使っていた十四歳の少女を、夏休みの間だけ、預かってくれと長岡へ連れてきたのだ。マサエ（仮名）というその少女は、邪魔にされていたのを、あんまの男が稼がせようともらって来た。

学校もほとんどいかせてもらえず、表向きは在籍していることにして「犬猫のようにさせておけばいい」という仕打ちを受けていた。

旅に連れていって瞽女の修業をさせてくれと頼まれたので、ハルさんは三味線は無理だが四つ竹を使って少しずつ唄を教えた。目は見えるので手引きにもちょうどいい。マサエは夏休みに毎日日記をつけるよう先生に言われたというので、正確に旅の様子や瞽女の仕事を書かせた。

その日記を出したら、未成年を働かせたことがバレてしまう。あんまの男は日記を出させなかったので、マサエは学校でひどく叱られた。

一夏の旅ですっかりハルさんになついたマサエは弟子になりたいと言う。それまではろくに食べ物も与えられず、いたずらをされたり辛いことばかりである。着るものも男物のお下がり。ハルさんはシズコさんのお古をもらって着せ、自分が食べなくともマサエに与える。生まれて初めて人間並みに扱ってもらって、

「ばあちゃと一緒に歩きたい」

というのも無理はない。ふびんで仕方ないが、高瀬のあんまが手放すわけもない。

学校を出たマサエを大金をとって他へ売りとばす話になった。マサエは家出をする。捜してみると、瀬波の土田ミスの所に行ったのがわかり、高瀬へ引きもどされた。

ハルさんは黙ってみてはいられない。自分も子供の頃苦労して来たから、マサエの力になりたい。あんまの男に自分の弟子にさせてくれと頼むと、ハルさんが高瀬にもどって連れ歩くならいいという。稼ぎは全部あんまに入れろと言う。

苛酷な条件を承知で、ハルさんはいやがっていた高瀬にもどることになる。苦労を買いに行くようなものだが、目の前でマサエの苦労を見ては知らん顔が出来ない。ハルさんに一生苦労がつきまとうのは、自ら買って出るからでもある。

「ほんになんでも、人が西むけと言えば西、東むけと言えば東……」

シズコさんは、高瀬の言いなりになるハルさんが、はがゆくて仕方ない。

しかしハルさんにはハルさんの考え方、生き方があるのだろう。マサエを弟子にして売られるのを防ぎ、やがてはあんまの手を離れさせて養女にすることまで考えている。それ

は一人の女の人生を救うことである。一方で自分の憶えた段物や唄の数々を誰かに伝えておきたい気持ちもあったかもしれない。

ハルさんも五十歳を過ぎている。体は丈夫だといっても若い頃のような無理は出来ない。高瀬では何日間に米何升というノルマを課せられ、旅でもらった米が五斗になると持参せねばならない。

稼ぎは全部出すと約束したので、着物も買えず、見すぼらしさに同情した宿の人がくれたこともあった。天理教を出る時に作ってもらった新しい着物もすり切れている。もっと可哀そうなのはマサエで、金がないので、ハルさんの地味な着物や男物の古い帽子などをかぶせていたから、男の子とまちがえられた。

三味の皮がはがれても直すことも出来ない。少しずつ「佐渡おけさ」や「かごの鳥」は三味線で、段物は四つ竹で教え、旅に出た。稼ぎは全部出すにしても、旅に出れば人の情もあり、気が楽だ。

戦後も七年経って、昭和二十七年NHKラジオは、全国で百万の契約数に達し、二十八年にはテレビが本放送を開始した。瞽女の仕事はラジオやテレビの影響を受け、娯楽の少ない山奥では大事にはされたものの、都市部では時代に合わないものになりつつあった。

全国に居た瞽女のような唄い手たちも、新潟県の一部を残すだけになり、細々《ほそぼそ》と山間部をまわっている状況だった。

旅を終え、米をかついで高瀬にもどっても、休みは無い。洗濯、掃除、時間が空けば、笛を吹いて温泉町であんまをせねばならない。

食べ物はあんまたちが御馳走を食べても、ハルさんとマサエはごはんの盛り切りに漬物だけ。育ち盛りのマサエはひもじがった。

その頃、あんまの男が親類筋になる桜井ハルを高瀬に連れて来た。この男は見かけが良く、口もうまいので人あたりはいい。顔の広さを生かして、どこからか稼ぎのネタをみつけてくる。

桜井ハルも全盲の瞽女である。親方が死んだのでハルさんと組ませようと考えたのだろう。以前栃尾で会ったこともあり、ハルさんとマサエと一緒に歩くことになった。稼ぎは三等分、桜井ハルとマサエが二人で出た時は三分の一をハルさんに入れる約束で、その金だけはハルさんの自由にしていい。あんまの男は桜井ハルのもうけもとり上げる積もりだったが、ハルさんが反対した。

新潟在の山木戸や亀田、長岡在の小千谷、六日町、塩沢とまわり、小千谷で唄のうまい瞽女がいるときき、ハルさんは「天野屋利兵衛」や「山椒太夫」を習おうとする。五十歳を過ぎ時代も変わったが、まだ勉強しようとする。あんまの男の反対で果たせなかったが。

夏場は村上在から朝日村、日帰りで出かける。

「魚沼は稼ぎが良くないから行くな」

あんまの男は言うが、ハルさんにとっては馴染みの場所、人々は唄好きで芝居もよく知っている。

「おらとこのごぜさ」

と御馳走もし、反応もいいからやり易い。

テレビはまだ家庭に無く、店頭に集まって見る時代だが、流行歌も数多く生まれ、瞽女の仕事はやりづらくなっていく。雪をこいで（分けて）小国へ行ったり困難はつきまとうが、それでも薪買いやあんまよりはずっと楽だ。

旅の途中、なぜハルさんは逃げなかったのか、律儀に高瀬にもどるのが、私は不思議でならない。

ハルさんはあんまの男の妾だという噂が立ったことがあった。小柄で若くみえるからだろう。私もハルさんの高瀬時代が理解出来ない。なぜいやな男の許にもどるのか、瀬波に土田ミス、長岡には天理教の母娘がいる。そしてもう一人ハルさんの親友、佐藤ヨシさんもいる。ひょっとしたらあんまの男と別れられぬ理由でもあったのではないかとも考えた。

しかしハルさんはけがで女として満足な体でないし、身を固く守ってきた。自分の哲学通り、運命に逆らわず、高瀬での辛さも修業とうけとっていたのだろう。

「普通の時やるのは当たりまえ、難儀な時やるのがほんとうの仕事」

ハルさんの吐く言葉はずっしりと重い。

「いい人と歩けば祭り、悪い人と歩けば修業」

若い頃自分にそう言いきかせた。

「難儀な時やるのが仕事」

呪文のように言いきかせながら、高瀬時代を耐えた。

親　友

高瀬での生活は七年に及んだ。出るきっかけは、あんまの男が中気になって倒れたからである。面倒を見る女性はいるし、ハルさんとマサエ、桜井ハルはいつものように旅に出かけた。その頃から旅先でどこかに空家がないかと探している。三人で働けばなんとか暮らしていける。自分のためにもマサエのためにも住居を確保することが先決だ。そうすればいつでも高瀬を出られる。

若い頃から信仰している優婆様の所に立ち寄った折、どこかに家がないかと頼んでおいたら、下越の温泉場にちょうど出物の家があるという返事があった。

すぐにでも移りたいと思うが、ハルさんの年齢がその時五十九歳。九がつくのは縁起がよくない。どうしようかと考えて、親友の佐藤ヨシさんに相談した。

「それなら、それまでうちにきてはどうかネ」

マサエと桜井ハルを連れ、佐藤ヨシ宅へ仮住まいをすることになった。あんまの男も中気では追いかけては来まい。

佐藤ヨシさんは、現在もハルさんがもっとも頼りにしている女性である。

八十三歳になる佐藤ヨシさんは加茂の生まれ、弱視なので盲学校に通い、後に浪花節語りの佐藤扇歌の後妻になった。先妻は瞽女で佐藤マツという。ハルさんが最初の親方樋口フジの所にいた頃から姉妹分として家へもよく泊まっていたが、亡くなってからも扇歌のはからいで、後妻になったヨシさんと仲よくなった。性格的に合うところがあったのだろう。先妻のマツよりも深いつきあいが、続いている。

北蒲原郡加治川村にあるヨシさんの家を、私は一月に訪れた。

「さあさあがって。いまかあちゃん出かけてるすけ、なにも出来ないが……」

柔和でおおらかな微笑に、ほっとした。

すぐ裏手を加治川が流れている。以前は一帯が沼地で、船で川をのぼって村上まで行けたという。道に面した木造の二階屋の前に、息子さんのらしい車が一台。御主人は亡くなったが、息子さんが建築会社につとめているとかで、落ち着いた暮らしぶりが感じられる。ストーブに火をつけ終わったヨシさんと、茶の間で向かい合った。

「わたしのつれあいが芸人で、前の奥さんがハルさんと姉妹瞽女だったから、亡くなったあと、仲をとりもってくれて……」

ぽつりぽつりと昔を思い出しながら、ヨシさんが語る。ハルさんとの初対面は、約四十年昔にさかのぼる。

その頃ヨシさんは、あんまと鍼《はり》を仕事にしていたという。ハルさんは旅まわりで、加治川の近くにくると、必ず泊まっていく。一年に何回かではあるが、親交を深めていった。

「けんかしたこともないし、おたがいに合ったんだネ。ハルさんはいーい女《ひと》だ。記憶力もいいし頭もいい。りこうな人だネ」

そのハルさんから高瀬にもどりたくない、家をみつけたいという話をきいた。

「それならそれまでわたしのとこ家にすればいい。ちょうど空いてるし、いてくれてさしつかえない。この家を足場にして仕事に出ればいい」

ヨシさんはハルさんをなんとか高瀬から離したい。家を借りるまで、自分の所へ来たらと誘って、ハルさんも決心する。

加治川へ移ってからも、マサエは時々具合の悪い日がある。高瀬で辛くあたられて、病気でも休ませてはもらえず、体と心をこわしてしまったらしい。

ハルさんは手引きがなければ仕事に出られない。マサエのかわりにヨシさんが手引きをすることもあった。ヨシさんは働かなくとも生活は出来たし、瞽女の経験も無いが、難儀をみて買って出たのだ。

「雪の日にハルさんの手引きして長岡在まで行ったわネ、遊びがてらネ」

中条から汽車に乗り長岡まで。切符を買って車輌の中に入ると混んでいた。親切な人が二人に席をゆずってくれた。

「なにも分からず黙って手引っぱっただけ。それでお金受け取って、ハルさんがいるから頼りにして出来たんだネ」

よく出かけたのは祭りである。人々の輪の中で唄うハルさんに、見物人からお金をもらう。

「ホラ、おばあちゃん十円だよ」

十円もくれる人はめったにない。三、四円がふつうで金をもらえないこともあった。門付けや家の中に入って唄うと二十円、三十円ということもあるが、数少ない。

ハルさんの馴染みの宿に一緒に泊まった時、二人で同じふとんに寝た。

「知らない家に泊まるんだから、疲れるネ、あんまさんの方がずっといいネ」

ヨシさんはこの時初めて、ハルさんの苦労を肌で知った。こうやって長い間旅で暮らして来たのかと、親友の暮らし方を今さらながら思ったという。

「ハルさんはめったにいない人。いつでも気持ちが平らで、あの人怒ったのみたことない」

「礼儀正しくて並たいていの人に出来ないわネ、だから私みたいなのとも仲良くしてくれるんだわネ」

ハルさんはあわてず、おだやかで、まちがうことがない。

「親しょもきびしかったが、あんな人瞽女さにいませんわネ。年をとってもしっかりしてて」

二人で話していても、似たところがあるのか、もめることもないし、反対することも少ない。

「ほんにそうだね」

と、なってしまう。

ヨシさんが、一度だけハルさんに強く反対したことがある。ヨシさんの手引きで村上へ出かけた帰り、高瀬に寄った。いままで稼いだ金を置いて、高瀬を出る話をきちんとつけようとしたが、あんまの男は、少しよくなった体で、ハルさんにまた帰って働いて欲しいという。

「高瀬と行き来するおまえとは一緒に歩かれないから、いいようにしろ」

いいなりになりそうなハルさんに業を煮やし、先に帰ってしまった。高瀬の妾が中に入り、ハルさんは正式に高瀬と縁を切ることが出来たのだった。

「みかんでもどうぞ、何もないども」

ヨシさんが立ち上がって、みかんを運んでくる。温かい人柄がにじみ出て、ハルさんもいい友達を持ったナと思う。

「今度入ることにした」

老人ホームに入る時にも、そういって来た。自分で考え、自分で決めてからくる。相談といっても、すでに決めている。余分な心配をさせたくないのだ。

今も、一年に三、四回は、ヨシさんが〝胎内やすらぎの家〟に行ったり、ハルさんがヨシさんの家に泊まりに来たりする。

「私が行くと喜んでネ。会うと嬉しいですョ。声で分かるから、手握って二人で内緒話したり、丈夫でいなさいョといい合ったり」

〝胎内やすらぎの家〟では、規則上入居者と訪問客は、一緒に泊まれない。泊まってもヨシさんは面会室。一緒でないのが淋しい。固い人だから、ハルさんは決して規則は破らない。

ハルさんの方もよく泊まりに来たが、最近頭が痛《や》める、めまいがするといって、回数が減った。心配になると、ヨシさんは電話をし、声をきくとほっとする。

「オレも耳遠くなったども、おまえも遠くなったねェ」

大きな声で笑い合う。

ほんとうの姉妹でも、こうはいかないだろうというほど仲が良いのも、何かの因縁だと二人とも思っている。

「おまえ、なに形見くれる？」

「ほんだねェ……」

と冗談もいう。

ハルさんは、ヨシさんの息子を自分の子のように大事にし、なにくれとなく気を遣う。息子の方も、自然ハルさんの身を気遣うようになる。

「自分が身元引受人になるから、ハルさんはうちのお墓へ入ってくれ」

ハルさんは、実家の墓に入る気が無い。

「どういうわけか、家へは帰れないというし」

ヨシさんが心配して、自分の所の墓にと考えた。ハルさんにとって一番気がかりなことだ。その頃〝胎内やすらぎの家〟にも墓地が出来たので、ハルさんは、そこに入ると決めた。ハルさんたちの行く末を考えて、つくられたのだ。

「ハルさんさえ幸せになればいい」

ヨシさんはおおらかだ。

瞽女唄の伝承者としてハルさんが無形文化財に選択された時、ヨシさんは言った。

「ばあちゃんじゃなくて、これからはおばばさまっていわねば……」

ハルさんは笑っていた。それ以後も以前と全く変わらない。ヨシさんは、ハルさんの唄がみとめられ、えらくなって幸せになるのが、我がことのように嬉しい。

「葛の葉子別れ」「巡礼お鶴」など、ハルさんから贈られた録音テープも大切にしている。

いつも感心するのは、自分がたとえ悪人にされても、ハルさんは決して人の悪口を言わないこと。

「くどき話しない人だわネ」

二人とも道が違ったから、長続きした。

次に会う約束は電話でする。

「いつくるかェ」

「やすらぎの都合で」

「おまえの都合のいい時にいつでも」

「じゃ来週の金曜日に」

決まると、ヨシさんは首を長くして待つ。

ハルさんはタクシーで二十分の道のりを来て、必ず泊まっていく。

「わたしの気持ちとハルさんの気持ちが同じだばいいわネ。ハルさんでなけりゃこんなに仲よくはならなかった……」

ヨシさんの気がかりはただ一つ。

「ハルさんより先に逝きたくない。ハルさんを見送ってから死にたい……」

黒っぽい着物に、市松模様の毛糸のちゃんちゃんこを着たヨシさんの声が、慄《ふる》えた。

元通りのおおらかな笑顔がすぐにもどり、ほっとして私たちはいとまを告げた。

家を出る時、ハルさんと似ていると思った。余分なことは決して言わず、くどかず、言ってはいけないことは口にしない。

「ハルさんに聞いてください」

賢い人である。ハルさんは、ほんとうにいい友達を持ったと嬉しくなった。

外へ出ると、風が積もった雪を吹き上げていた。赤と黄色のフードのついたアノラック姿の小さな姉妹が手をつないで歩いていく。

ハルさんとヨシさんの姿がだぶった。

ヨシさんの家の隣には、立派な石碑がある。

「出羽三山湯殿山」、信仰の碑文が刻まれていた。

疎外感

昭和三十五年、ハルさん六十歳の年に、佐藤ヨシさんの家を出て、下越の温泉場、出湯《でゆ》に入った。

養女のマサエも桜井ハルも一緒である。世は高度成長時代、テレビも普及し、瞽女を受け入れる所も減り、周辺をまわるだけ。温泉場で客に頼まれると唄っていたが、桜井ハルが亡くなってからは、鑑札のないまま、知人の口ききであんま業が主になっていた。

マサエは、ハルさんのいうことをよくきくいい娘だったが、この温泉場に来てからだんだんすれてくる。

温泉客が年頃のマサエをからかう。マサエもそれに応じ、目のみえぬハルさんの知らぬ所で、異性関係も重なっていった。マサエ自身の責任というより、子供の時からいじめられ、もらわれて来た高瀬では、働かすだけ働かせて、犬猫のような扱いをうけて何の躾も受けなかったせいといっていい。

ハルさんはきっちりした固い人だから気にはなっただろうが、マサエが可哀そうできついことは言わなかった。成人したマサエが自分の意志で動きはじめてからでは、手がつけられない。

「ほらマサエ、そんなことしておまえ、だめだが」

言われても知らんふり。ハルさんをけむたがって近づかない。目のみえないのをいいことにしたい放題、本能のおもむくままに遊び歩いていた。

身なりも、ハルさんはいつ誰にみられてもいいように整えているが、マサエはだらしがない。家の中でもハルさんが片づけた後から散らかすので、足の踏み場もなく、訪れた人々は驚いた。

私はハルさんの住んでいた場所へ行ってみた。家はとりこわされ、雑草が生い茂っている。すすきが丈高くのびて風に揺れ、藪蚊が何匹も靴下の上から足を刺した。

土地は借りものだから、きちんと借り賃は払っている。部屋は六畳と八畳の二間。他に炊事場とトイレである。

たまに近所の人が食べ物でも持っていくと、部屋にはカンヅメのカンが散らかし放題、トイレの匂いが充満して、ひどい有様だった。

隣に住んでいたという奥さんが顔を見せた。ハルさんは会うときちんとあいさつをし、若い頃の苦労話をしたという。修業時代のすさまじい話は印象に残っている。

客に対しては、瞽女できたえた話術で人をそらさないので、家まであんまを頼みにくる男性もいた。

「ほんにあのおばあちゃんもなかなか」

色白で年より若くみえるので、なにかと噂する人もいた。

ハルさんは養女のマサエが、だんだんすれていくのが心配でならない。マサエに説教もしたし、怒りもしたが、少し頭の弱い所のあるマサエには通じない。なんとか方法をこうじようと考え、マサエに婿をとることにした。

養子に来た男は真面目で仕事は一生懸命にやる。障害を持っているので生活保護も受けられるが、自分で働きたいと言い、頼まれごとも喜んでする。

最初のうちは、マサエの男遊びも収まり、三人でうまくいったが、子供が生まれると、どうしても子供中心になる。二間しかないのに三人の男の子が生まれると手狭である。子供たちはハルさんになついていたが、途中から障害があらわれて病院通い。マサエは学校へ行ったからいちおうの読み書きは出来るが、子供の躾はしない。ハルさんがかわりに叱ることになる。

いくつになっても寝小便の癖を持つ子を外に出して叱っているのをみた人もあった。マサエ自身、お産のたびに障害の度を加え、病院に通う回数も増え、家の中はガタガタになっていく。

生活は相変わらず貧しく、ハルさんは行く末を考えて悩むことが多くなる。娘夫婦に子供の単位の暮らしの中で、一人はじき出されて、自分の家なのに居にくくなっていく。将来を考えて養女と婿をもらい、よかれと思ってしたことが裏目に出てくる。

そのうちに婿とハルさんの間がうまくいかなくなった。婿はよく働きはするが、お金に細かく、ハルさんの稼ぎをあてにする。マサエは、だらしなく使うばかり。ハルさんは自分の物を買わないで質素にしているのに、婿はしまり屋でハルさんの物ばかり節約しようとする。衝突もしばしば起きた。

お金の不信感は大きい。特に目のみえない人は、みえる人に不信感がある。家族の中で一人目がみえないハルさんが、マサエやその夫のやり方に不信を抱いたとしても不思議はない。

みんなが自分を邪魔にしているのではないか、いままでのように稼ぐだけ稼がされているのではないか。

家庭らしきものが出来たと思ったのに、気がつくと自分だけが疎外されている。

ハルさんは、この家にもいられないと思い始めていた。

年をとって、体力の衰えも感じている。自分で手にした家ではあっても、自分の方が出なければ……思いつめるには具体的なきっかけがあった。

孫三人を含めて、六人で食事中のことだった。孫の中で一番おばあちゃんびいきの子が言った。

「父ちゃん自分の茶碗に肉入れておばあちゃんにはつゆばっかり」

子供は正直である。ハルさんは目がみえないので気付かなかったが、子供の言葉に、差別を受けていることを知る。

父母がいない時、その子はそっとハルさんに近寄って言う。

「目がみえなくて火もいじれない人は、働けるだけ働かして、養老院に入れればいい……って父ちゃんたちが言ってたよ」

どんなにかハルさんは、ショックを受けたことだろう。高瀬で虐待されているマサエをみかねて養女にし、婿も迎え、心安らかな老後をと願っていたのに、そこからも追い出されようとしている。難儀はいつまでも去ってくれない。

このままいては、自分は捨てられるだろう。

「ばあちゃん、会う人会う人わるい。ほんとうに不遇な人」

シズコさんはマサエを知るだけに、そう言う。

「おれは前《さき》の世に悪いことあったことや」

現世の運の悪さは、前《さき》の世で自分が悪いことをしためぐりあわせだろうか。そう考えて自分をなぐさめる。

「人がいいんですよ。他の人に優しすぎる。それで何もいわないから、いいようにされる」

シズコさんは口惜《くや》しがる。

「かかは亭主にひかされる。ひかされてからはうまくいかなくなった」

つれあいが出来て、マサエは変わった。賢い女ならば、ハルさんに受けた恩は忘れないだろうが、自分で物を考えられない女だ。その上障害もある。

婿と別れるように言えば言えなくはないが、二人の間には三人の子がいる。孫たちに父親がいなくなることは可哀そうである。結局は自分が身を引くしかない。ハルさんの考え方はいつもそうなる。

やせた犬

私はマサエ夫婦に会ってみることにした。

子供たちは現在、障害があるので、病院や施設に入っていて、夫婦二人は、そのまま温泉場に住んでいるという。

表通りから少し入った所に、二人の家がある。障害年金と、婿が人の家を手伝ったりしたお金で食べていくことは出来る。

小さな家ではあるが、二人なら十分だろう。案内を乞うと、男が出て来た。少し耳が悪いのか大声を出してやっときこえたようだ。マサエは共同風呂に出かけていて留守だという。一見まじめそうだが、ハルさんとは合わないかもしれない。

帰りかけると、犬を連れた太った女が、旅館の入り口の石垣に腰を下ろしていた。マサエだった。

顔は笑っているが、私はドキッとした。誰かに似ている。雰囲気全体が、〝胎内やすらぎの家〟で会った近藤ナヨさんにそっくりである。グレーのズボン、紺色に白のとび模様のある上っぱり。手にしたひもにつながれている犬ときたら、なんとやせこけていることか。白と黒の毛並みはつやが無く、赤い首輪の下の肉はそげ落ちている。あばら骨が浮き明らかに病んでいる。

「犬、なんて名前？」

「タマだョ。ネコもいるョ」

マサエは動物が大好きで、犬や猫をよく拾ってくるという。優しいところもあるのだろう。

「こんなにやせて何も食べないの」

「食いとうねェこともねェんだども」

「マサエさん、今いくつになるの」

「五十四歳」

「おばあちゃんに会いたくない？」

「ああ、会いたいネ、会いたいども、もう大分会ってないネ」

「おばあちゃん優しかった？」

「あ、そやネ」

「おばあちゃんが家を出たのは、御主人とうまくいかなかったからですか」

「そやろうね」

あとは会話がとだえて、笑ってばかり。要領を得ないので、質問はやめにした。

ハルさんが老人ホームに入ってからも、マサエ夫婦は、時々訪れている。そのたびに金を無心したり、ハルさんの物を持っていったりする。二人にすれば養女と婿だからというのだろうが、ハルさんにすれば、邪魔者にされた思いがある。

まわりの人もハルさんが気前がいいので、二人を近づけないように忠告する。二人が来れば、ハルさんは、折角得たお金すらとられてしまう。決してお金持ちではないのだが、有名になったからお金が入ってくるとまわりが思いこんでいるだけだ。現在はマサエ夫婦がやってくることは、ほとんどない。

それにしても、長い間養女としてマサエの面倒をみてきただけに、ハルさんは簡単に、マサエへの愛情が断ち切れるだろうか。

「マサエは自分の育てた娘でしょ。特に愛情は持っていたと思う」

出湯での案内役をしてくれた旅館のご主人は言う。

「今度マサエを連れてきましょうか」

〝胎内やすらぎの家〟を訪れると、主人はきいてみる。

「いや連れてきてもらっては困る、夏でも冬物着てくるし、しょおしい（恥ずかしい）わネ」

ハルさんは、プライドの高い人だ。マサエが養女だということを、他人に知られたくないのかもしれない。自分は誠実に生きてきたし、頭もいい。その上母の厳しい教育を受けているから、絶対人に迷惑をかけることをしない。

時にはそれが冷たくも見えるが、肉親にも甘えないし、他人にも甘えるということがない。

マサエがやって来ては、金をせびったり、だらしない格好をしている所を見られたくないのだろう。

「自分が生きていく上でためにならないものは、切っていかなければ生きていかれないんだ」

ハルさんは生きていくために、自分の思いを断ち切らねばやって来られなかった。いままでに二度、本気で自殺も考えた辛い人生の中で、一つ一つ断ち切ることで、強くなることが出来た。ハルさんは自分の弱さやもろさを知っている。戦うために断ち切るのだ。

マサエは自分が養女にしたのだ。自分が選んだのだから、自分で切らねばならない。そう言いきかせているのではないか。マサエへの気持ちを断ち切るのは、実家への思いを断ち切った時と同じである。

「足が悪いところとか、なんとなくナヨさんと似てると思いません？」

同行の竹下さんが言う。マサエがナヨさんに似ている……私もそう思っていたところだ。マサエを見ているうちに、竹下さんは胸がいっぱいになったという。ハルさんが、ナヨさんを可愛がる気持ちが理解出来たという。

「ばさくせえ」

「おめさんが教えないから唄憶えてない」

ハルさんには、いいたい放題。ナヨさんがいくら甘えようと、物をねだろうとハルさんは黙って聞いている。他の人に対するのとはちがうナヨさんへの態度は、マサエへの思いにつながるのではないか。弟子だったナヨさんを家に帰らせた責任だけとは考えられないふしがある。マサエを断ち切ろうと思いながら、胸につかえるものがあって、その罪ほろぼしのような気持ちも手伝って、ナヨさんを猫可愛がりするのではなかろうか。

ハルさんは、愛情をかけては、その都度裏切られてきた。しかしハルさんの中には、抑えても切りすてようとしても、湧き上がってくる愛情が、渦まいているにちがいない。

竹下さんと私は、マサエをこの目でみたことがショックであった。その夜、足の悪いマサエと、骨のみえるやせおとろえた赤い首輪の犬を私は夢の中でみて、目ざめた。汗びっしょりであった。

第四章　冬から春へ

モデル

ハルさんが、下越の温泉場でどうすればいいかと悩んでいた頃、國學院大學民俗学の専門家から、ぜひ瞽女唄をききたいという連絡が出湯の旅館のご主人にあった。

泊まってもらい、客間にハルさんを呼んで唄わせた。一声発すると障子がびりびりとふるえ、素晴らしい声と、確かな記憶に専門家たちは舌を巻いた。

それが縁になり、ハルさんの唄は次第に世間に認められていく。家庭的に不幸を背負い、追いつめられていく一方で、ハルさんの瞽女としての実力は、好事家の知るところとなる。

ハルさんをバックアップする旅館のご主人の肝いりで開かれた「瞽女唄を聞く会」には、東京から美術評論家の洲之内徹、随筆家の白洲正子、画家の木下晋といった人々がやって来た。ハルさんの瞽女唄をこのまま埋もれさせては……という思いが届いたのだ。

白洲正子氏はその著『遊鬼』の中で、その時のことをこう書いている。

「最初のうちは低音で、歌いにくそうにしていたハルさんも、『子別れ』の段になると乗って来て、少女のように汚れのない、ハリのある声に変って行く。サワリの場面になってても、こまやかな情緒とか、感情を移入するわけでもない。どちらかと云えば一本調子で、無心に歌いこんで行くその幼な声が、却って人の心を掻き乱し、会場にはすすり泣きの声が充満する。昔の瞽女は結婚することを禁じられていたと聞くが、それはこのような音声を保持するためであったのか。ふつう盲人は、お琴や地唄の師匠でも、陰にこもった一種独特の音調を持つものだが、彼女の場合は、むしろ晴れやかで、屈託がない。その調子のままで、身を切るような物語を語るのだが、『葛の葉』でも『石童丸』でも『阿波の十郎兵衛』でも、子供が中心になっているのは、そのことと無関係ではあるまい。後にも先にも私はハルさんの唄しか聞いたことがないので、それは何ともいえないが、変に説明的で、哀れっぽくないのが印象に残り、すべからく名人とはそういうものではないかと思った」

美術評論家、洲之内徹氏は『芸術新潮』の「気まぐれ美術館——想像力について——」で次のように書いている。

「このときは、はるさんはもう現在の黒川の盲老人ホームに移っていたのだろうが、初め新発田の普通の老人ホームに入るとき、これからはお国の世話になって暮すのだから唄でお金を貰うことはしないと言って、三味線は持たずに入所した。だからその後の数年間は、誰も、自分たちの中に瞽女さんがいるとは知らなかったという話を二瓶さんから聞いて、その話に感銘を受けた。芸とは、あるいは芸人とは本来そういうものだろう。芸術とか芸能とか、そういう抽象化されたキレイごとではなく、あくまでも身過ぎ世過ぎの業であってこその生きた芸ではなかろうか」

画家の木下晋氏は、初めてハルさんをみた時のことを鮮烈に憶えている。

「旅館に着いて、村人の集まっている部屋で唄をきこうと廊下を急いでいる時、すぐ脇の部屋に坐っている一人の老女を見たんです。ドアの隙間から見て通り過ぎた瞬間『あれは何?』と思った。背筋を張り端然と坐った姿は普通の人ではなかった」

ハルさんはひとり出《で》を待っていたのだろう。画家はその姿に強烈なものを感じ、座敷に現れたハルさんをみて、とりこになる。

「その時聞いた段物より佐渡おけさがすごかった。正調でないハル調でこの人の佐渡おけさがある。歌と風景が一体化した淋しい冬の佐渡がほうふつと浮かびあがった」

画家は洲之内徹氏に相談し、ぜひハルさんを描きたいと思う。そして〝胎内やすらぎの家〟に移ってからハルさんの許に通うことになる。一日一時間、一月間モデルになってもらいたいと話すと、ホーム側からはハルさんの身体を気づかってあまりいい返事はない。ハルさん本人が出て来て「いいですョ」そのかわり二日に一度四、五時間と決まった。画家は新発田から二、三メートルの雪をかき分けて、ハルさんの許に通い、危うく遭難しかけたこともあった。

なぜ真冬に雪と戦って行ったかというと、自分の日常を持っていっては、ハルさんと対峙出来ないと思ったからだ。ハルさんの生き方、その存在感と向きあうには、吹雪や障害をのりこえて、日常を断ち切らなくてはならない。私もよく分かる。ハルさんと向きあうと気押《けお》される所があり、いいかげんな言葉は出せない。自分の中に、ある状況をつくって行かねば対等に話せない。

「恐い人だと思いました。日本間に障子をバックに坐って、目はみえないが、私の動きが分かっている。こっちが抜き足で歩いていっても、意識はピンと張って隙がない……」

対話をし、コミュニケーションをはかりつつ筆をすすめる。ハルさんの話には、風景に色がある。決してモノトーンの世界ではない。色で色を語るのではなく、視覚は閉ざされていても、他の感覚で本質を視て語る言葉に色を感じる。例えば春の匂い……春、物に触った感触の他の季節とのちがいなどイメージがはっきりと残る。

驚いたのは、一つの建物が何歩で歩けるという適確な表現だ。一度で憶えないと生活出来ないからだ。

「目のみえるもんは壁の向こうが分からない。目のみえんもんは、壁がなくてずっとつながっている……」

ハルさんの表現によると、目がみえないことは境界がないこと。朝も昼も夜もつながり、ここから向こうへは切れ目がない。時間も空間も永遠につながっている。全《すべ》てが地を這うようにつながっている。隙間が一番恐いのだ。

目のみえる人とみえない人の徹底的な落差に、画家はとまどった。

「なんでこの人はこんなに美しいのか」

それも不思議でならなかった。当時すでに八十歳を過ぎているのに色気を感じさせる。特に首筋、うなじのきれいさ、着物を合わせた胸にかけて時々うっとり眺めてしまう。

肉体的なものだけでなく精神的なものも感動的だ。淡々として心の奥を見せない達人である。身すぎ世すぎのために瞽女をやってきて、過去のものを捨て去る潔さがある。

私は木下氏の描いたハルさんの絵をみたいと思った。絵の写真だけは旅館でみせてもらったが、皺の一つ一つが鉛筆で刻まれてなんとも恐ろしかった。ハルさんの生きてきた厳しさを見事に描き出している。かくれた本質を見た気がした。

その絵を持って、突然木下氏が我家を訪れた。みればみるほど、皺の一つ一つに刻まれた奥深いものが感じられる。写真ほど恐ろしくはなかったが、ショックを受けた。

「ハルさんの顔に興味を持ったんです。会うたびみるごとちがう。その都度色々な表情をつめこんでいたり、空虚だったり、皺一つ一つ追っていっても言葉になる。自分のイメージを捨てて、ただ描けばいいんです」

木下氏は人間の奥に隠れた本質や核を描きたいと思う。ハルさんには底知れぬものがあり、人物を描く時の敗北感を味わった。描いていて常に期待を裏切ることのない唯一の有名人だと興奮気味に喋った。

畳一枚はある大きなその絵を、しばらく貸していただくことにしたが、絵をみるたび、私の筆で、ハルさんが描けるかと問われているようで、原稿を書く間はみないよう努めた。

画家の絵が完成した時ハルさんは言った。

「終わったら東京帰るんだか、それなら明日でなく明後日にしたら」

「たいへんだネ、門付け終わって後片付けてすぐ旅に出るのはつらかったから。あさって帰るなら、明日来てから、片付ければいいしネ」

画家であることを特別のこととして取り扱わず、自分と同じ芸人の一人としてみて気を遣うその配慮に感心した。

ハルさんには、かつて瞽女さ、ゴゼンボといって宿もなかった日々があり、辛い目にあわされたのに、無形文化財の伝承者となってからは、急に「ハルさん、ハルさん」と寄ってくる人々への怒りがある。

ハルさんにとっては同じなのだ。かつても今も、ハルさんはハルさんでしかなく、瞽女も絵描きもみな同じ位なのだ。

　木下氏はハルさんをみていると、この人はほんとうに目がみえないのだろうか、ほんとうに色が分からないのだろうか、自分がだまされているのではないかという気がするという。

あやめ寮

出湯の旅館での昼食は、鯉のあらいと鯉こくがおいしかった。

御主人は、瞽女にロマンを感じ、寺の住職に頼まれて、家を世話し、なにくれとなくハルさんの面倒を見た人だ。男は女にロマンと哀愁を感じる。女の見方とはちがうのだろう。

ハルさんも、この人を信頼し、相談相手にしている。

「ここの鯉こくはうまい」

竹下さんは、ハルさんの言葉を憶えている。なかなかの食通なのだ。

「ここの湯はぬるくていい」

温泉も気に入っていた。

「ちょっとぬるいども、出るとぬくぬくする」

私も竹下さんと一緒に、その湯に入ってみた。確かにぬるいが、しっとりとまとわりつくような湯は、アルカリ性である。ハンガリーで入ったクア・ハウスの湯に似て淡青色でなめらかな肌ざわり、出るとすっきりする。私もこの湯が気に入ってしまった。

竹下さんがタオルで体を拭きながら話しかける。

「私に結婚話があってネ。おばあちゃんに話したら『必ず二度目の結婚はするナ』っていうの。『前の奥さんと比較されるから、いがねえ方がいい』って」

竹下さんと私は声をあげて笑った。

ハルさんは、マサユたちの住む家を出て、老人ホームに入ることにした。自分で決意したのだ。旅館の主人や民生委員のすすめもあった。

「養女に婿もらったども、思うようにいがねえもんだ。火も危ないすけ施設に入った方がいいといわれて、なんでも自分でせられるうちに施設に行くことにした」

「辛いこともなかったんだども、今の若いもんは二人で暮らすのがはやりだもの。今のうち、諦めをよくしなければ……」

自分で決めたことには愚痴は言わない。思いは断ち切らねばならない。ハルさんは後ろを振りむかない人だ。

行き先は新発田市にある、養護老人ホーム〝あやめ寮〟である。

昭和四十八年五月二十八日、明日ホームに発つという日の前日、ハルさんの唄を記念に録音することになった。ハルさんの瞽女唄は少しずつ人の知る所となり、新潟放送が取材に来ていた。

ハルさんは絣の着物に脚絆、笠をかぶって瞽女の正装に身を固めている。もう二度と着ることのないであろう衣裳である。

寺の石段に腰かけ「ペンペン」と三味を弾き始めた。昭和三十五年、この温泉場に住みついてから、十三年の月日が流れていた。

最後の唄をきこうと、人々が集まってきた。小柄なハルさんをかこむように、湯治客は浴衣のまま石段に腰かけ、温泉場に住む人々は立ったまま、思い思いの格好で唄に聞き入った。陰になり日なたになりしてハルさんを支えてきた、老舗旅館の御主人と奥さんの姿もある。

「今日で瞽女はさよならです」

ハルさんはそう言った。老人ホームに入るのを機に、幼い頃から修業した瞽女という職業とはすっぱり縁を切ろう。そう心に決めていた。今までの生活への思いを断ち切ろうとするハルさんらしい行動である。

瞽女をやめる淋しさよりも、その顔は厳しい暮らしから解放される安堵感に満ちていた。

「ほっとしたようで、今までになく安らかな表情でした」

旅館の主人が言う。それまでは思い悩むことも多く、時々暗い顔をしていた。思いわずらうことがあっても、他人に言わず心に収めているから表情にかげりが出る。それが無くなって安らいでみえる。

「唄が楽しいなんて思ったことは一度もない。どの唄好きということもない。仕事だすけ唄うだけだ」

私に言ったことがある。ハルさんにとって、唄は楽しいとか好きとかいう情感ではなく、生活そのものだったのだ。ハルさんの唄には、思い入れや情感は無い。それを排除したぎりぎりのものなのだ。

唄い終わって、ハルさんは長年使いこんだ三味線を、信頼出来る渡辺という知人の家に預けた。二度と触れるつもりはなく、身一つで老人ホームに入った。

瞽女小林ハルとは完全にさらばをして、ただの老人になって身を預けたのだ。潔いまでの覚悟も本物の芸人としてのハルさんならではのこと、七十三歳の初夏であった。

理解者

下越の温泉場でのハルさんの唄を聞いて感動した人の一人に、佐久間惇一氏がいる。佐久間氏は新発田に住んで、民俗学、特に口承文芸に造詣が深く、著書も数多い。

旅館できいたハルさんの唄に心惹かれ、滅んでいく瞽女唄と瞽女の生活の記録をなんとか残せないものかと、学会で話をし、専門家に聞いてもらおうと骨を折った。その結果、口承文芸研究の國學院大學教授、臼田甚五郎、野田純一両氏を招いてハルさんの唄を聞いてもらうことに成功したのだった。

それがきっかけになり、新発田市教育委員会でハルさんと弟子の土田ミスの瞽女唄の全曲録音が企画された。

ハルさんが新発田の住民になることもあり、当時の新発田市長が國學院出身という縁も重なった。

皮肉なことに、ハルさんが、瞽女と訣別した後のことである。

お役所もようやく重い腰をあげ、失われていく芸能の保存に乗り出すことになった。日本も復興し、古いものに目を向ける気運が高まりつつある時期であった。

瞽女唄の全曲録音は、尽力した佐久間惇一氏が責任者になった。

ハルさんは、一度は捨てた三味をとりもどし、もう一度唄うことになる。最初はためらったが、佐久間氏の熱意に動かされた。自分のやってきた仕事が役に立つならという気持ちもあった。

養護老人ホーム〝あやめ寮〟の協力もあって、ハルさんは日曜日ごとに、佐久間氏の自宅に通った。そして知る限りの唄をうたい、段物を語った。

佐久間氏によれば、ハルさんの第一印象は「気丈な女《ひと》」であった。その頃はふくよかさ、優しさはなく、表面に現れていたのは、激しさと強さだった。

私は諏訪神社近くにある佐久間氏の家を訪ねた。奥様が出かけているからと、自分で茶を淹れ、いちごが出された。

ハルさんもこの家で温かくもてなされて、どんなにほっとしたことだろう。日を追って佐久間家の人々に打ちとけていった。

「私の母は二人います。死んだほんとうの母と生きている目のみえない母と」

つきあうにつれ、佐久間さんはハルさんの人柄に心酔していった。

「よく出来ためったにいない女《ひと》です。逆境にあったのが、瞽女をまっとうして来たことでひねくれず、目のみえる人と変わらぬ心境で対等に生きている」

瞽女という職業は、唄って金をもらうことではなく、唄で喜びを人に与えることが出来、拍手があり、常人と対等の位置にあったのだと、佐久間氏は言う。お金や礼に渡される米は志であり、唄う行為そのものは無償のもの。よく唄えて拍手が沢山あるのが生きがいであり、誇りでもあった。

ハルさんは誇りを失わず、個人的な不幸をはねのけて、強く生きて来た。強くなければ生きては来れない。それが、ハルさんの唄に芯になって通っている。

日曜日の朝九時半、老人ホームに迎えが来る。その日は夕方まで。

ハルさんも一度は唄うことをやめると決心したが、佐久間家に出かけるのが楽しみになる。精いっぱい声を張ると、離れで仕事をしている奥さんにまでよくきこえた。

「気持ちのおだやかな女《ひと》ですね。うちでお昼を食べるのが嬉しそうでした」

ハルさんを車で送り迎えする奥さんはその都度ハルさんの手を引く。

「親の手も引かないのに、ハルさんの手を引いて……」

奥さんも、ハルさんをもう一人の母のように感じていたのだ。

「私はハルさんによって生かされたと思っています。瞽女唄の録音をし、瞽女の生活を記録して本に出来たのは、ハルさんのおかげです」

佐久間氏は言う。

「ハルさんや瞽女は生きていた。拍手もあったし生きがいもあった」

それが人の生き方をまっとうなものにする。逆境にありながら、まっとうな老後を過ごすためには自分で精進しなければならない。目の不自由な人々が働く場も少ない今、ハルさんのような生き方が、どう障害者対策に生かされるか、なかなか結論が出ないと佐久間氏は言った。

目はみえなくとも、瞽女という仕事をすることで対等に生きてきた事実が、ハルさんをみているとよく分かる。それをどう今につなげるのか、難しい問題である。

「逆境のうちに生きてきたハルさんには順境のうちに逝って欲しい」

佐久間氏と奥さんは、毎年正月に、新しい着物や下着を持ってハルさんに会いに行く。今年は本ネルの反物を買い、小柄なハルさんのため寸丈であげをして仕立てた。

東京の舞台や新潟や新発田で唄う時もつきそう。衣裳にも気を遣う。ハルさんは佐久間夫妻に最も信頼を寄せていた。

恵まれなかったハルさんも、晩年は、親身になって心配してくれる人々に出会うことが出来た。

だが老人ホーム〝あやめ寮〟では、同室の人に恵まれたとはいえなかった。四人部屋で健常者と一緒だから目のみえない者は意地悪をされる。

「目がみえなくても腹が空くんだか」

「唄に出るならここに来なくてよかろうに」

皮肉をいい、いい気になっているという。

昔、組み合わせが悪くて苦労したことを思い出してがまんするが、瞽女なら半年で変わるのがここでの組み合わせは二年は続く。年はとっているしどこへ行くあてもなく雨露がしのげればいいと諦める。

道を教わって私は〝あやめ寮〟へ行ってみた。六月、田植えのすんだ田にかこまれて、養護老人ホーム〝あやめ寮〟はあった。背後の飯豊連峰には雪が残っている。二階建ての建物の窓からお年寄りの姿がみえ、寮母さんが立ち働いている。

前庭には広い芝生があり、白い椅子とテーブルが置かれ、つつじや黄色い房の花が咲いていた。ハルさんはここでどんな日々を過ごしたのだろう。最初は瞽女であることも言わなかった。

『次の世は虫になっても――最後の瞽女　小林ハル口伝――』（桐生清次著）でハルさんは語っている。

「私が今、明るい目をもらってこれなかったのは前の世で悪いことをしてきたからなんだ。だから今、どんなに苦しい勤めをしても、次の世には虫になってもいい。明るい目さえもらってこれればそれでいいから、そう思ってつとめ通してきた」

無形文化財

昭和五十二年二月、新発田市教育委員会の依頼で録音した「瞽女唄集」の中から、ハルさんの語る段物の朗読がＮＨＫ・ＦＭで放送されて反響を呼んだ。

その放送を聞いた声優の山内雅人氏の企画で、同年十一月七日東京・新宿にある金属健保会館ホールで「瞽女文学の夕べ」が催され、ハルさんは「明石御前」を語った。竹下玲子さんが、はじめてハルさんの唄を聞いた時である。

ハルさんの身辺は、にわかに賑やかになり、取材や訪問客が増えてくる。

「どうして、あんな貧しい瞽女を連れていくのか」

ハルさんを東京に連れて行って唄わせることを聞いた何人かはいぶかった。

高瀬や下越の温泉場での暮らしぶりを知る人には、想像もつかないことだったろう。

昭和五十二年七月には、北蒲原郡黒川村にある特別養護盲老人ホーム〝胎内やすらぎの家〟に移っている。目の不自由な人たちばかりが暮らす老人ホームでハルさんは、かつての瞽女仲間と偶然再会した。

長岡瞽女で最後まで旅まわりをしていた金子セキ。一度はハルさんの弟子になったが、家に帰らせた近藤ナヨ。そして戦中戦後にかけて、ハルさんの手引きをしてくれた山田シズコ。ナヨとシズコは、ハルさんと別れた後に結婚した。夫に死別したり、離婚したりで、二人共まわりのすすめに従って〝胎内やすらぎの家〟に入った。

「因縁あったんですねェ。〝胎内やすらぎの家〟見学に来て、なつかしい再会をしました」

シズコさんは、感慨深げだ。

昭和五十三年三月二十四、二十五の両日、東京の国立小劇場に出演、「祝福芸の系譜・万歳と春駒」のうち、「正月祝い口説・祭文松坂」を唄う。本来万歳であるから、ハルさんの太夫、土田ミスの才蔵のかけ合いのはずだったのだが、土田ミスが急死したため、ハルさん独りの舞台になった。長年苦労を共にした土田ミスの死にハルさんはがく然とする。

同じ三月二十五日、無形文化財の瞽女唄伝承者として選択される。高田系瞽女唄伝承者の杉本キクイ、刈羽系瞽女の伊平ソイに次いで三番目である。長岡系の瞽女唄伝承者としては、はじめてであった。

ハルさんは、一時は、長岡の瞽女屋に属する直系だったことはあるが、前後はちがっている。しかし唄の中には、長岡系瞽女唄が脈うっていた。瞽女屋に属した瞽女たちは戦後廃業し、ほとんど残っていない。いたとしても、段物を記憶し、きちんと唄えるものは皆無といってよかった。ハルさんも戦後ははなれ瞽女のように細々と暮らしはしたが、しっかりと憶えたものは、忘れてはいなかった。

「おらは声が出ねえで、唄も下手。生き残っているからもらっただけ。文化財づらあろば」

多くの瞽女たちの唄の代表として選ばれたわけだが、生き残ってきたのは、ハルさんの生き方と精進の賜物だった。

世間に知られることで何か変わったかといえば、何も変わりはしない。生活の仕方も、日頃の態度も同じ。少し経済的に楽になったというだけである。掌を返したように近づいて来たり、お世辞を言う人をみて、さぞおかしかったことだろう。

昭和五十三年三月二十五日、国立小劇場での公演は、無形文化財瞽女唄伝承者に選択されたのを祝っての晴れ舞台ともなった。

夜、東京原宿の東條会館で祝宴があった。〝胎内やすらぎの家〟初代施設長・塚本文雄、民俗学者・佐久間惇一、劇作家・若林一郎など、親しい人々が集まった。

翌日ハルさんの手を引いて〝胎内やすらぎの家〟に帰った塚本施設長が急逝、ハルさんは一転悲しみのどん底に落とされる。

もう唄はやめようと思うが、塚本氏の遺言を聞き、まわりのはげましもあって、ようやく仕事を再開。五十三年六月に、新潟放送で、瞽女唄録音が始まった。段物「石童丸」「阿波の徳島十郎兵衛」、口説「お吉清左」、常磐津「稲川」、万歳「経文」、義太夫「寺小屋」、越後追分、瞽女松坂、伊勢音頭くずし、出雲節謎かけ、大津絵などなど、唄い出すとハルさんの背はしゃんとのびる。

「瞽女と鶏は死ぬまで唄わねばならない」

唄うことで、ハルさんは生きる姿勢を正して来た。〝胎内やすらぎの家〟に入ってからも、人前で唄うことが、きちんと生きねばならぬという思いを強くさせ、健康を保たせて来た。

昭和五十四年四月二十九日、黄綬褒章授与。晩年になってハルさんの芸は日の目を見る。五十五年四月二十四、二十五日、新潟市公会堂と新発田市民文化会館で「瞽女唄の集い」。構成若林一郎で第一部が小林ハルと竹下玲子の唄、解説山内雅人で瞽女松坂、越後追分、新保広大寺、出雲節謎かけ、鴨緑江節、瞽女万歳。第二部、講談小金井芦州、語り小林ハルで佐倉義民伝。その時小金井芦州は、ハルさんの響き渡る声に圧倒されたという。

親しい人々の死に、涙にくれるひまもなく、ハルさんの暮らしは忙しく明け暮れていった。

胎内やすらぎの家

頼母木《たもぎ》通り一番地にあるハルさんの部屋には、いつも人が集まっている。同室の山田シズコ、金子セキ、近藤ナヨ……。たまに隣から、高田瞽女の杉本シズ、難波コトミさんもやってくる。

喋るのは他の人たちで、ハルさんはいつも聞き役である。

「なに言ってる。このばかども」

そう言って笑っている。

「そんなこと、音《ね》に出すもんでない」

人の噂話を始めると、たしなめる。瞽女は、仲間意識が強く、他の部屋に出かけることは、めったにない。向こうからもやっては来ない。

仲間うちではいいたい放題、言葉づかいも遠慮がないが、外に向かっては、団結して立ち向かう。ハルさんは瞽女の中心であり、ハルさんの悪口には、他の瞽女たちがハルさんを守ろうとする。

外からみると、排他的に見えることもあるようだ。

仲間うちの愛称は、金子さんがネコ、ナヨさんがキャンキャンいうから犬、シズコさんはチョロチョロ買い物に行ったりするから二十日鼠、おたがいに呼びあって笑う。

話題はかつての瞽女時代のことが多くなる。

「この間、瞽女の頃、旅に行った夢みたよ」

ハルさんも会話に参加する。

同室者も、組み替えで時々替わる。ハルさんも、金子セキ、高山フジエ、山田シズコと替わっている。

金子さんは、明るくひょうきんで、旅先の民話をよく憶えている。高山さんは、少し目のみえる人で、瞽女ではないが、おおらかな人柄だ。そして山田シズコさんは、長い間苦労を共にした仲だ。

二人部屋だから、同室者が誰になるかは、問題だが、〝胎内やすらぎの家〟ではハルさんは恵まれている。

「ここにいようと思えば、どの衆ともいなければ。言わず語らずがいい」

その哲学を守っている。

他の入居者とも、クラブ活動では、一緒である。ハルさんは民謡クラブと御詠歌クラブに入っている。他の瞽女も一緒だ。唄はお手のものだろうが、

「民謡や流行り唄は、むずかしい」

寮母さんにも気を遣う。

「寮母さん親だと思って、自分が慎んで、おとなしくしていればいい。世話になるんだもの」

一度いわれたことは、二度いわれぬように気をつける。服装はきちんと、いつ人にみられてもいいように着がえる。食欲がなくとも食卓につき、体がきつくとも行事には参加する。

自分を律する姿は、寮母さんたちを感心させる。

「ハルさんは全く手のかからない人。年をとってきたから、他人のことは出来ないが、自分で出来ることは迷惑をかけないようにしている姿を見て、みんな小林さんを大切にしています」

担当の寮母さんの言葉だ。彼女は毎朝部屋をまわってあいさつし、用を頼まれれば、爪を切ったり、箪笥の中を整理したり、着る物を手伝ったりする。ハルさんは衣裳持ちで、部屋の箪笥の他にも衣裳箱やダンボールに、着物やひざかけ、肌着などがしまってあるという。

日課は、朝六時に起床。六時半、寮母さんがみまわりに来て、その日の行事を知らせる。

そのあと、部屋やトイレの掃除。高齢のハルさんは、免除されている。

七時四十五分、食堂に集まって朝食。終わって八時半、談話室に集まって八時五十分頃から体操である。ラジオ体操に、初代施設長の考案したやすらぎ体操。「やすらぎワルツ」に乗って体を動かす。

夏は戸外でやり、散歩も自由だ。

九時、施設長の話、民話を毎朝一つずつ読んできかせる人や、ニュースや新聞のコラムを読む人、さまざまである。

十一時半、チャイムが鳴り、昼御飯。夕方五時になると夕食。その後、七時か七時半には就寝する。ラジオやテレビを楽しむ人もいるが、ハルさんはあまり聞かない。

風呂は週三日、おたがいに背中を洗いあう。すべらぬよう、いつでもつかまれる手すりがある。

目がみえない人たちだから、合図は音が頼りだ。チャイムが鳴ると、それぞれの部屋から入居者が出て、手すりを伝わり、あるいは、少し目のみえる人が手を引いて、食堂に行く。

ハルさんも、チャイムの鳴るのを、部屋で待っていた。

「さてさて前かけでもとって。今日はあったかいども……。いつ出てもいいようにしておけばいい」

ピンクの袋に前かけをたたんでしまう。立ち上がると簞笥をあけて、何か探しものをしていたが、

「あ、出て来た出て来た」

やがてチャイムが鳴る。

「鳴った鳴った」

シズコさんに手をとられて、

「なっとなっと」

ふざけながら食堂へ。

「それでは今晩の献立をお知らせします。七時がごはん。十一時がこんぶのつくだに。一時が炊き合わせ。にんじんとこんにゃくとさやえんどうです。五時が長芋とほうきの実……それでは手を合わせていただきましょう」

寮母さんの献立の説明が終わると、いっせいに食べはじめる。私はハルさんのそばに立ってみていた。

ハルさんのごはんは、超小盛り。風邪ぎみで食欲がないのだ。もともと塩からいものは苦手だが、おかずに手がついた形跡がない。

「おばあちゃん、食べたくないの」

「ハテハテ、早くばあちゃんくたばればいいがネ」

いつもに似ず自嘲的だ。

「具合悪かったら、静養室に行きましょうか」

「あそこで寝ていればいいども、ごはんに遠いから。ごはんには辛くとも出なければなんね」

ハルさんが溜息を洩らした。めったにないことだ。額に手をあててみると、熱はなさそうだ。

次の日は主食がおかゆ。丈夫とはいえ高齢である。風邪には気をつけねばならない。

「おばあちゃん、どうですか」

「昨日より難儀だネ」

朝、トイレで吐いたという。それでも食堂へ来ている。いままで聞いたことがない弱音に心配になる。

部屋へ様子をみに寄った。

「今年の抱負は早く死にたい。別な世界に行きたいネ」

「だんだん役に立たなくなるすけ、自分の用もたらねえようになって生きててもしょうがない」

　着物をぬがせて風呂に入れてもらっても嬉しくはない。長生きも自分で自分の面倒みられればいいが、自分のことが出来なくなって、人の手をわずらわせてまで生きたくない。自分の身を始末出来るうちにお迎えが来て欲しい。そればかり祈っているという。

　五歳の年からなんでも自分で出来るよう躾けられ、自分で働いて生きて来た。目がみえなくともみえる人以上に人生を生きた。最後までまっとうしたいのだ。

　唯一気がかりだった墓の問題も解決した。実家には入らない。結局ハルさんらしい選択をして、〝胎内やすらぎの家〟の新しく出来た墓地に入ることに決めた。

　墓地は、すでに完成している。山際には、観音像も出来ている。

　死後のことが決まって、ハルさんの表情が晴れた。暗いものを引きずっていたのが、安心したのだろう。

　気がかりだった母の墓参もすませ、ハルさんは透明な気持ちになっている。以来ふっくりした優しさと品格さえ具《そな》わって来た。

「ハルさんは今が一番幸せです」

　ハルさんをよく知る人たちは言う。

「ホーヤ　ホヤホヤホヤホヤ」

かけ声と共に、勢いよく火の手が上がる。一月十四日は「塞《さい》の神《かみ》」である。

雪深いこの地方では、雪囲いをする。〝胎内やすらぎの家〟の入り口も板がこいをして、トンネルのようになっている。その中を通って、〝やすらぎ観音〟のある広場に出る。

わらやこもを竹の間に積み上げた高い櫓《やぐら》が、蒼空を突きさしている。この時期にしては暖かくよく晴れた日だ。雪も少ない。暖冬が続いて、すぐ近くにあるスキー場も、リフトは止まったきり、開店休業の有様だ。広場にも、うっすらと白いものは見えるが、土がわずかに見えている。

寮母さんたちに助けられて、入居者の有志が、入り口の板のトンネルをぬけて、外に出て来た。

「ホヤホヤ焼き」のはじまりだ。「ホヤホヤホヤ」というかけ声を取ってこのあたりでは、「ホヤホヤ焼き」という。いわゆる〝どんど焼き〟のことである。

正月用に使った、門松やしめなわなどを集めて焼き、その年の無病息災を祈るという行事は各地で行われている。ふつうは一月十五日だが〝胎内やすらぎの家〟では、一日早い十四日に行われることになった。

合図のホラ貝が鳴りわたると、みな、櫓のまわりをとり囲む。私も入居者にまじって、仲間入りをした。

「払いたまえ、清めたまえ。今年もけがのないように、体が丈夫でいられますように……」

神主さんが祝詞《のりと》をあげる。みな手を合わせ一瞬、神妙な面持ちになる。

やがて、職員が、櫓に火を放つ。カンに入れた石油をかけて火をつけるのだ。

「ドン！」

という音と共に、竹が破裂する。櫓に張りつけられたしめなわ、古いお札、髪かざり、書道クラブの「書き初め」の書き損じなど。「門松」や「凧あげ」の墨の文字が躍り上がっては、焰《ほのお》にのみこまれていく。

「ホーヤ　ホヤホヤホヤホヤ」

入居者の男性が声張り上げる。職員が酒をまき、餅やするめを火にあぶる。蒼空に燃えかすが舞い、頭上に降ってくる。

コップに入った甘酒や清酒がふるまわれる。焼けた餅やするめもまわって来た。油をそそぐと消えかかった火が再び激しく音をたてて燃え上がり、火の祭典は櫓が崩れ落ちるまで続いた。

「ホーヤ　ホヤホヤホヤホヤ」

人々の中にハルさんの姿は無い。風邪で苦しいので、外の行事は欠席だ。

〝胎内やすらぎの家〟に生きる最後の瞽女、小林ハルさんは一九九一年一月二十四日、満九十一歳になった。

あとがき

〝いい人と歩けば祭り、悪い人と歩けば修業〟

ハルさんは、そう自分に言いきかせながら、地を這《は》うような人生を旅してきた。

九十一歳になる瞽女《ごぜ》・小林ハルさんを書いてみたいと思った時、私がその任にたえられるかどうか、とまどった。

人の一生は重い。生きている間に遭遇するさまざまな出来事をどう受けとめ、立ら向かい、どう決意し、断ち切るか……。自分に問いかけ一歩ずつ歩みを進める。戦いが激しければ激しいほど、内なる意志は強くなり、人生は重みを増す。

その一生をつたない筆に乗せることがいかにたいへんか。重さを両腕にかかえて腰がくだけそうになったことも、逃げ出したくなったことも何度かあった。ハルさんは想像を絶する苦労をした人だけに、尋常ではない。対峙するだけで、よほど自分をしっかりさせておかないと負けてしまう。

ハルさんと私をつなぐ一本の糸は、普通の女という一点だった。私は瞽女という職業を特別なものと、とらえないようにつとめた。瞽女であったからこそ、小林ハルさんが存在するのだが、ハルさんの心の奥には、いつも普通の女として生きようという思いがあった。

目がみえないからといって、くじけたり甘えたりせず、目のみえる人と同じに自立して生きる。いやそれ以上に、明治、大正、昭和と、女にとって辛い時代に、精神的にも経済的にも自立を勝ちとっていく。

私たちにも通じるものだ。そう考えると、ハルさんの生き方に自分を重ねることが出来た。

私自身の中に瞽女についての体験はない。母の故郷が上越で、日頃から聞かされてはいたが、実際に目にしたことも唄を聞いたこともなかった。十分な描写は出来ないが、せめて出来るかぎり専門家や土地の人の話を聞き、ハルさんの足跡を追うことでイメージをひろげたつもりだ。

私の知ったハルさんは、瞽女という職業を通して、見事な生活者であった。そこには哀愁や感傷の入りこむ余地のない、ぎりぎりの厳しさがあった。崖っぷちに立っているからこそ、潔く、外からは、突きぬけた明るささえ感じてしまう。

男性は瞽女という存在に、哀愁やロマンを感じる。私はそれとは違った、女からみた生活者としての瞽女・小林ハルを書いてみたかった。

打たれれば打たれるほど、はね返す力を身につけ、逆境をも明るさに転化させてしまうエネルギー……。

かつての女たちは、みなそれを持っていた。そうしなければ生きられないほど、とりまく環境が厳しかった証拠でもあるが、その中で磨きぬかれた美しさがあった。彼女たちを支えたものは何なのだろう。私の大きなテーマでもある。

そうした女たちの典型を、私は小林ハルさんにみた。瞽女という苛酷な条件の下で、ハルさんは見事に花を開かせた。

一本筋の通った生き方は、みる人にこの上ない存在感となって、迫ってくる。現在のハルさんは品さえ備わって美しい。この年令で美しくいられるのは、長い長い道程を懸命に生きて来たあかしである。暗いトンネルを抜けたあとの、まばゆいほどの明るさなのだ。

しかし顔や手に刻みこまれた皺は、しっかりと年月を物語っている。皺の奥深く潜んだものを、一つ一つえぐり出して描くことは、とうてい私には出来ない。

ただ、一人の自立した女としてまっとうに生きようとする、ハルさんの懸命な姿を追うことだけは出来たのではないかと自負している。

『鋼の女─最後の瞽女・小林ハル─』と題して、一九九〇年八月から十二月まで、新潟日報社の夕刊に毎日連載した時、ハルさんの弟子・竹下玲子さんや、身元引受人の佐久間惇一氏から「ハルさんにぴったりの題だ」と言われた。きたえられるほどに輝きと強さを増す鋼《はがね》、私はハルさんに不屈の精神を見、その根源をなすものを知りたかったのだ。

ハルさんを知って、たかだか五年。しかしハルさんの後ろには長い長い道程がひかえている。九十一歳を過ぎて、まだまだハルさんは生き続ける。まっとうに生きようとつとめるかぎり、ハルさんは健在だ。

〝胎内やすらぎの家〟を訪れ、この本を手渡す時、ハルさんは何と言うだろうか。

最後になったが、小林ハルさん、取材に応じ協力して下さった方々に、心からお礼を申し上げたい。

一九九一　春

下重暁子

文庫版あとがき

『鋼の女』を上梓してから十二年の月日が流れた。ハルさんは二〇〇三年一月二十四日、満百三歳になった。その間、ハルさんにとっては、多くの人との別れがあった。胎内やすらぎの家に七人いた瞽女のうち、高田瞽女の杉本シズさん、難波コトミさん、ハルさんの手引きをし、最後までハルさんが頼りにしていた山田シズコさんの三人が亡くなった。

ハルさんの唄を世に出し、自分の母のように大切にしてくれていた民俗学者の佐久間惇一氏の死はどんなにかショックだったろう。人々との別れ、その都度心細い思いをしながらも、ハルさんはすっくとして生きて来た。

国の重要無形文化財、黄綬褒章、吉川英治文化賞、三条市の名誉市民など数々の栄誉を受けながら、ハルさん自身は、変っていない。いつも小林ハルという一人《ひと》の女がいる。

九十九歳、白寿の祝いが、新潟市であった。その時は、黒紋付の正装で多くの聴衆を前に壇上で瞽女唄をうたった。私は瞽女小林ハルについてその時話をしたのだが、沢山の報道陣のライトに照らされているハルさんに声をかけただけで別れねばならなかった。

　百一歳、百二歳、百三歳と、続けて毎年ハルさんを訪ねた。着物姿が洋服になり、寮母さんたちがセンスのいい服を選んでいるせいか、年々若くなるようだ。百一歳、グレイの地に紅の小花の飛んだブラウスに同じ紅色のビーズで作った大きな指環がよく似合った。弟子が竹下玲子さんだけでなく近在の人たちも加わり、張り合いがあるようだった。

　肌は白くすべすべとして年々若く可愛くなる。唄については相変らず厳しく、辛口の批評は衰えてはいない。

　ハルさんを見ていると、美しいとは何かを考えさせられる。年を経るごとに輝く美しさとは、長い人生で蓄えられたものが滲み出てくることだ。最近はやりの自己実現など考えたこともなく、自分の運命を全《すべ》て引き受けて決して他者のせいにせず、耐えに耐えながら唄ってきた。それが内側から蛍の光のように滲んでくるのだ。

　明治生まれで百三歳のハルさんは盲目というハンデがありながら、経済的にも精神的にも自立した人生である。瞽女という職業を越えて現代と通じる生き方がそこにある。孤独と向きあい、個をそだてつづけてきた人生に、私は自分のあるべき姿を重ねる。ハルさんは、仕事をし自立する女の先駆者でもあるのだ。

　百二歳、個室に移り、車椅子になったが、補聴器をつけなくても、私の声がすぐわかった。

「もう帰るのかネ　泊ればいいに」と名残り惜しそうだった。

そして百三歳の六月、訪ねた胎内やすらぎの家にハルさんの姿は無かった。微熱が続き、食欲もなく、入院したのだった。入院先の病院に見舞うと、「はァ」という弱々しい声がもどって来た。あんなに張りのある力強い声なのに、よほどよわっているのだろうか。検査結果に特に異常はないというが、ハルさんも年には勝てないのか。次の日もっ一度見舞うと熱は下り「おかゆを食べたい」と言ったとか。顔色も悪くない。きっとよくなる。私は自分にそういいきかせた。夏が嫌いで厳しい冬が好き、夏の入口でちょっとつまずいたのだろう。

「瞽女と鶏は死ぬまで唄わねばなんね」とハルさんはいつも言っていた。入院の少し前まで訪れた人に唄ってきかせたという。

胎内やすらぎの家にいる元瞽女の金子セキさんは耳は遠いが、私を憶えていてくれたし、近藤ナヨさんは自慢の美声で「葛の葉子別れ」などを唄ってくれた。

ハルさんの部屋にはベッドが立てかけられ、車椅子がポツンと置かれている。

三十年以上使っているはずなのにハルさんの三味線は新しく、もようも色も優しくなまめいている。みな元気になってハルさんがもどってくるのを待っている。私はバチでハルさんの三味線にそっと触れてみた。微かにハルさんの声を聞いた気がした。

集英社から『鋼の女』が文庫になって出ることになった。瞽女を生ききった小林ハルという一人の女を知っていただく機会が再び訪れたことが嬉しい。

機会をつくって下さった集英社の横山征宏さん、伊藤木綿子さんに心からお礼申上げる。

下重暁子

二〇〇三　夏

解　説

神崎宣武

「芸は身を助ける」という。旅においてもそうである。いや、旅においてこそ、そうなのである。

古く、旅は、難儀なことであった。

たとえば、『万葉集』をそのつもりで読んでみると、旅の難儀を嘆いたり悲しんだりした歌が多い。

家にあれば　笥《け》に盛る飯《いい》を
草枕　旅にしあれば
椎《しい》の葉に盛る（巻二の一四二）

有間皇子《ありまのみこ》が野宿のようすをうたった歌で、旅歌としてすでに有名である。当時の長旅は、死出の旅にひとしく、実際に水盃をかわして出立したものでもあった。

そもそも「旅」は、夕べを語源とする。と説いたのは、柳田国男である。夕べは、「給《たま》え」が訛ったもの。つまり、旅先では食料や火種をたえず物乞《ものご》わなくてはならなかった。交通や宿駅が未発達で携帯品も制限せざるをえない状況下では、当然のことであろう。だが、そうした旅人の立場は、まことに弱い。物乞うてみた結果、十分な供給が得られないこともある。屈辱に甘んじなくてはならないこともある。

たやすく宿や食事を得られるかどうかは、運、不運というもの。しかし、そこにも「芸」のあるなしが作用したに相違ない。

「旅芸」とでもいおうか。それも、さまざまある。

中世において芸をよすがに旅に出た者は、文書や絵図で確かめられるところで、遊行僧や修験者、連歌師や能楽師などがある。さらに中世文学のなかには、女性の一人旅を綴った紀行文もある。たとえば、後深草院二条による『とはずがたり』。宮中で上皇の寵愛を一身に享《う》けていた二条が突然の出家をして、東海道を東へ下る。西行の旅に憧れてのこと、というが、宮廷社会のなかでの男性関係のわずらわしさから逃れてのことでもあった。

二条ほどの名の知れた女性であれば、土地土地の名家の主人が宿舎の提供を申し出ることもある。それは、当時の上流階級は和歌を素養としており、やんごとなき都人を相手に

「歌合わせ」を行わんがためでもあった。その場合は、もちろん、即妙に歌を詠みかえすことが芸となるのである。

江戸時代になると、芭蕉や蕪村、応挙や大雅など多くの文人墨客がさかんに旅に出た。そして、多くの書画を旅先で遺した。ということは、文芸に長じた旅人をもてなす文化土壌が、中世から近世の日本では形成されていたのだ。それがゆえ、文人墨客の旅をいちはやくたやすいものとしたのである。

ほかに、香具師《やし》や説法師、芝居役者や大道芸人など。話術師や旅芸人の発達も、たしかなところでは、街道交通の発達した江戸以降のことである。

しかし、女性の旅は、長く疎まれた。単に身分制度上の問題だけではない。『とはずがたり』の二条も、何度か男どもに言い寄られたり謀《はか》られたりして身の危険を味わっている。彼女は、それをことごとく逃れたとするが、道中の宿では遊女《あそびめ》らと同様に「不本意な契りを結ぶ尼僧の例もある」（冨倉徳次郎訳の筑摩叢書版）と記している。それも旅すさびの芸、とはいわない。が、女性の旅ならではの難儀であり、その対処の一例ではあろう。

＊

身体が不自由な女性の旅となると、その難儀さはいかばかりのものか。想像にかたくない。いや、健常者にはなお想像にかたいところがある。

下重暁子さんによる本書『鋼《はがね》の女《ひと》』は、長岡瞽女《ごぜ》の旅ぐらしの生きざまを描いたライフヒストリーである。主人公は、昭和五三年に国の無形文化財（瞽女唄）伝承者として指定された小林ハルさん。最後の長岡瞽女、といってよい。下重さんは、老人ホームに入所したハルさんを何度も訪ね、その半生をつぶさに聞きとり、その足跡を丹念に踏査した。

小林ハルさんの語る言葉が、じつに味わいがある。無駄がなく清くもある。

ハルさんの母親は、娘を瞽女に出すにあたって身のまわりのことがひととおりできるよう厳しく躾けた。針の穴通しから着付けまで。六歳で弟子入り。親方からは、食事は盛りきりと漬けものだけしか与えられない日が続く。少しでも失言をしようものなら折檻もされた。それでも、母親の場合は、愛情があってのこと。しかし、親方の場合は、そうではない。年季の途中で音をあげさせ、実家に送りかえして縁切り金をせしめるため。それでもハルさんは、耐えた。耐えに耐えた。

瞽女の芸は、門付け芸。三味線をひき、段ものを唄い語る。あるいは、その場に応じて祝い唄を連ねる。

「おらは唄憶えるのは、むずかしくねかった。ただ師匠と同じに唄えるわけはねぇ。それを唄下手だ唄下手だといわれ、何かにつけてはたかれる」

九歳で初旅。一六歳で二番目の師匠につく。二三歳で独立、三味線が紙張りから皮張りに。七〇歳を過ぎるまで門付けの旅を続けた。

師匠にも弟子にも恵まれなかった。稼ぎもほとんど貯まらず、実家とも絶縁状態となった。

それゆえにか、ハルさんの口は重い。

「いい人と歩けば祭り、悪い人と歩けば修業」

「瞽女は子供を持てない者だから、師匠は親、弟子は一生の子供だ。子は親をぶっちゃることはしてはならね」

「おらが親方になったら、風呂にも入れるし、食べたいものも食べさせる」

「おらは厳しく厳しく育てられ、そのあとも親方には厳しくされてきた。辛いことしかなかったから、弟子には優しくした。だから弟子はロクなもんにはなんねかった」

当然のように、男が夜這いをしかけてきた。目がみえなくとも、自分の身は、自分で守るしかない。

「気さえつけていれば、そんなにむずかしいことではないわネ」

下重さんも、けっして文字面のきれいごとですませているのではない。「あまりに律儀すぎる」「自分から苦労を背負いに行っている気がしないでもない」、とたえず自問もしながら筆を進めてゆく。

じつは、瞽女についての類書は、少なくない。水上勉『はなれ瞽女おりん』はあまりにも有名だが、ほかに村田潤一郎『瞽女さは消えた』、斎藤真一『瞽女物語』など。小林ハルさんについても、新発田《しばた》在住の民俗学者、佐久間惇一氏の調査が先行している。そうしたなかで、あらたに稿を起こすには、相応の準備と気力が要る。下重さんにとっては、ある種のかけのようなものではなかったか。あるいは、使命感のような気構えもあったのかもしれない。

「プロローグ」でもおっしゃっているように、下重さんの祖母上の家は、長岡瞽女と対をなす高田瞽女の泊まる瞽女宿であった。そのようすを、母上からもよく聞いていた下重さんである。子どものころから瞽女についての特別な思いが芽ばえていたに相違ない。それが、瞽女の歴史や民俗についての解説を、つまり理屈を極端なまでに省き、小林ハルさんやその周辺の人びとの肉声を、つまり光なき女性の人生をのみ証する作業を完結させたのであろう。

「唄が楽しいなんて思ったことは一度もない。どの唄好きということもない。仕事だすけ唄うだけだ」

最後に小林ハルさんは、そう述懐する。

ここにいたって、私ども読者は、しかと認識する。瞽女は目の見えないハンディを背負った、その意味では同情すべき旅芸人。なれど、その芸は愛嬌芸ではない。熟練した技術を身につけて渡世をはかる、そのところでは他人からの同情をよせつけない生活者なのだ、と。

＊

ライフヒストリーを綴る作業は、ノンフィクション作家であれ民俗学者であれ、時代や地域の「それぞれの生きざま」に興味をもつ者は、いちどは試みようとすることである。試みてみるに値する基礎的な作業、といってもよい。そこでは、テーマのおもしろさよりも、相手（話し手）と自分（書き手）の相性が問われる。あくまでも主人公は相手であり、自分は代弁者にすぎない。聞きとり調査も、相手方本位の「問わずがたり」が望ましい。そういう関係ができたところで、いうなれば親子か友だちに等しい関係ができたところで、「本音」がでてくるのである。たとえば、金銭の話。たとえば、性の話。そこまで聞きとって、なお書くべきか書かずにすませるべきか。知らずに書くのは愚、知ってて書かないのは賢。そう心得るのがよろしかろう、と私は思っている。ただし、言うは易く、行うは難し。ライフヒストリーを書くということは、とりもなおさず自分の愚直さを問われることなのである。

よくぞここまでなさった、と、あらためて下重さんにエールを送りたい。

この作品は、一九九一年三月講談社より刊行されました。

佐藤愛子の本

好評発売中

風の行方（上・下）

普通の幸福な家庭だったのに、ふと気がつけば皆、バラバラになっていた—。崩壊していく家庭、その中で改めて自分の道を模索する親子三代の生き方を描く。テレビドラマ化作品。

こたつの人

春は、家族の皆に呆けていると思われている。それをよいことに、嫁の百合子は時々、主治医の南を家に呼んで…。当代随一の書き手が厳選して自讃するユーモア小説の絶品。

大黒柱の孤独

愛子さん、娘、甥夫婦、お手伝い、ブルドッグのベティが同居する佐藤家。ある日、昼日中に強盗が入り、大黒柱の愛子さんの怒りが爆発！著者自讃のユーモア短篇集。

集英社文庫

集英社文庫

鋼《はがね》の女《ひと》　最後《さいご》の瞽女《ごぜ》・小林《こばやし》ハル

2003年8月25日　第1刷
2004年7月7日　第4刷

定価はカバーに表示してあります。

著者　下《しも》重《じゅう》暁《あき》子《こ》

発行者　谷山尚義

発行所　株式会社　集英社
東京都千代田区一ツ橋2—5—10
〒101-8050
電話　03（3230）6095（編集）
（3230）6393（販売）
（3230）6080（制作）

印刷　株式会社　廣済堂

製本　株式会社　廣済堂

ISBN4-08-747611-1 C0195